Bo Sandelin:

Adam Smith
Vivo kaj verko

Adam Smith. Gravuraĵo de John Kay (1790), kun la teksto:
"La aŭtoro de *La riĉeco de nacioj*" (Fonto: Vikipedio)

Adam Smith

Vivo kaj verko

de

Bo Sandelin

❖

MONDIAL

Mondial
New York

Bo Sandelin:

Adam Smith
Vivo kaj verko

Kovrilo: Mondial
Kovrilaj ilustraĵoj: Vikipedio

ISBN: 9781595693686

www.librejo.com

ENHAVO

Antaŭparolo

Kiam la grandaj aŭkciaj firmaoj Christie's kaj Sotheby's en 2002 estis akuzitaj pro kunlaboro pri la provizia nivelo, ili defendis sin referencante al eldiro en *An Inquiry into the Nature and Causes of the Wealth of Nations* (Esploro pri la naturo kaj kaŭzoj de la riĉeco de nacioj) de la skota filozofo Adam Smith (1776): "Homoj de la sama branĉo malofte renkontiĝas, eĉ por amuziĝo kaj distrado, sen tio ke la konversacio finiĝas per konspiro kontraŭ la publiko, aŭ per ia artifiko altigi la prezojn. Vere ne eblas malebligi tiajn renkontiĝojn" (I.x.c.27). Se, laŭ Smith, tia konduto estas neevitebla, ĝi ne povas esti krima, estis la defendargumento (Eltis).

Adam Smith do estas aŭtoritatulo ankaŭ en la 21-a jarcento. Lia nomo daŭre aperas en diskutoj pri libera komerco kaj protektismo, specialiĝo de la laboro, la taskoj de la merkato kaj la taskoj de la ŝtato. Kelkfoje oni montras al "la nevidebla mano", kiun Smith uzis kiel metaforon. Liaj ideoj ne ĉiam estas korekte prezentitaj. Mortaj filozofoj ofte estas trafataj de tiu sorto, ke moderna verkisto konas iun ĝeneralan trajton de verko de la filozofo kaj per ekstrapolo atribuas al la filozofo ideojn, kiujn li tute ne havis. Oni povas diskuti ĉu Adam Smith aŭ Karl Marx estas pli grave trafita.

Ĉar Adam Smith ankoraŭ estas atentata, estas motivite studi lin, kiel li pensis kaj kion li atingis. Ni vidos, ke Smith estis ne nur ekonomikisto, kvankam li ĉefe estas konata kiel tia. Strikta specialiĝo estas posta fenomeno, kiu disvolviĝis kiam la akumulita sciado fariĝis tiel granda, ke unuopa persono ne povus majstri pli ol eron de ĝi. Kiel la plej multaj filozofoj de la 18-a jarcento, Smith laboris en vasta tradicio.

Smith interesiĝis pri natursciencoj kaj pri la ĝenerala teorio pri sciencoj. Frua manuskripto temas pri la historio de la astronomio, kiu ilustras "la principojn, kiuj gvidas kaj direktas filozofiajn [t.e. sciencajn] esplorojn". Pli fragmentaj – Smith ne estas la sola, kiu ne sukcesis plenumi siajn planojn – estas kelkaj manuskriptpaĝoj pri la historio de la fiziko respektive la logiko kaj la metafiziko. Li pritraktas fiziologiajn fenomenojn kiel la vidadon, aŭdadon, flaradon kaj tuŝadon en la eseo "Of the External Senses" (Pri la eksteraj sensoj).

Smith interesiĝis pri psikologio kaj socipsikologio. La plej grava rezulto de tio estas lia unua libro *The Theory of Moral Sentiments* (La teorio pri moralaj sentoj) sed ĝi montriĝas ĉie en lia verkado. Smith interesiĝis pri la natura juro kaj pri konstituciaj demandoj, kio tralumas en liaj libroj kaj liaj lekcioj pri jurisprudenco.

Smith interesiĝis pri diversaj formoj de arto. Longa eseo temas pri "The Nature of that Imitation which takes place in what are called The Imitative Arts" (La naturo de tiu imitado kiu okzas en tio, kio nomiĝas la imitantaj artoj) kaj montras ideon pri la skulpturo kaj pentrarto, kiu hodiaŭ verŝajne ne konvenas. Li ankaŭ cerbumis pri la "Affinity between Music, Dancing, and Poetry" (Parenceco inter muziko, danco kaj poezio).

Smith interesiĝis pri literaturo kaj lingvoj. Li volonte legis la antikvajn grekajn kaj romajn verkistojn, kaj li postlasis manuskripton pri la "Affinity between certain English and Italian Verses" (Parenceco inter certaj anglaj kaj italaj versoj). Dum li vivis, publikiĝis lia eseo "Considerations Concerning the First Formation of Languages" (Konsideroj koncerne la unuan formadon de lingvoj). Ni revenos al ĝi.

La unua ĉapitro temas pri la tempo de la junaĝo de Smith en Kirkcaldy ĝis la profesoraj jaroj en Glasgovo. La sekvanta ĉapitro donas atenton al lia unua libro, *The Theory of Moral Sentiments* (1759), kiun li mem laŭdire rigardis kiel sian plej bonan libron.

La tria ĉapitro pritraktas lian komprenon pri la homa lingvo. Tio ludas modestan rolon en la literaturo pri Smith, sed la temo interesas min. La kvara ĉapitro estas dediĉita al la periodo inter la publikigoj de *The Theory of Moral Sentiments* (1759) kaj *An Inquiry into the Nature and Causes of the Wealth of Nations* (1776), mallonge nur *Wealth of Nations*. Dum tiu tempo Smith interalie faris plurjaran vojaĝon al Francio kaj Svislando kiel guvernisto de juna nobelo.

Wealth of Nations estas la plej konata libro de Smith, kaj ni okupiĝos pri ĝi en la kvina ĉapitro. Post ĝia apero Smith estis nomumita dogana komisaro, ofico kiun li zorgeme plenumis. La tempon de 1776 ĝis lia morto en 1790, ni pritraktos en la lasta ĉapitro.

Ĉapitro 1. *De infano al filozofo*

La ekzakta naskiĝtago de Adam Smith ne estas konata, sed li estis baptita la 5-an de junio 1723 en Kirkcaldy, kiu estis sufiĉe prospera skota havenurbo kun ĉirkaŭ 1500 enloĝantoj iom norde de Edinburgo. La sveda industrispiono Henrik Kalmeter notis en 1717–1720, ke la urbo havas kvin salfarejojn, kaj ke la eksporto de salo, karbo kaj tolo estas gravaj enspezfontoj, kiuj tamen ŝajnis malprogresi pro ŝanĝoj en la komercado post la unio kun Anglujo en 1707. Troviĝis ankaŭ fabrikado de najloj, kaj verŝajne Smith estis influita de ĝi, kiam li formulis sian konatan ekzemplon pri la signifo de laborspecialiĝo por la efikeco en la fabrikado de pingloj.

La patro de Smith estis doganisto, sed li mortis kelkajn monatojn antaŭ la naskiĝo de la filo. La patrino venis el la konata skota familio Douglas. Adam estis la sola infano de la paro. Pluraj eminentaj personoj, menciitaj en la testamento de la patro, helpis la patrinon en la edukado. Patrinflanka kuzino estis grava mastrino en la hejmo. Smith restis needziĝinta, kaj escepte de periodoj kiam li vivis aliloke, li vivis kune kun sia patrino ĝis ŝi mortis en 1784.

La unua grava biografo de Adam Smith estis la 30 jarojn pli juna Dugald Stewart, kies patro estis lernejkamarado de Smith. (La teksto de Stewart retroviĝas post la eseoj de Smith en *Essays on Philosophical Subjects* [Eseoj pri filozofiaj temoj]). Kiel infano Smith estis malforta kaj malsaneca, kaj lia patrino estis riproĉata, ke ŝi traktis lin tro gardeme. Kiel plenkreskulo li suferis de deprimoj kaj hipokondrio, kaj lia maltrankvilo pri sia sano periode paralizis lian laborkapablon.

En la biografioj pri Smith troviĝas sensacia epizodo, kiu okazis, kiam li estis trijara. Dum vizito en la patrina hejmregiono, migranta grupo forrabis lin, kiam li sola ludis eksterdome. Ekzistas du tradicioj pri la ekzakta loko de la forrabo kaj kelkaj versioj pri la savo. Laŭ Dugald Stewart, kiu ricevis sian version de filo de Kirkcaldya pastro, onklo de Smith baldaŭ rimarkis, ke la knabo malaperis. Oni helpis la onklon serĉi la grupon kaj trovis ĝin. Tiel la onklo fariĝis "la feliĉa ilo, kiu konservis por la mondo geniulon, kiu estis destinita, ne nur por disvastigi la limojn de scienco, sed por lumigi kaj reformi la komercan politikon de Eŭropo" (Stewart I.3).

Laŭ dua versio, la grupo vojaĝis sufiĉe longe antaŭ la savo de Adam. Viro rakontis, ke li renkontis virinon, kiu portis infanon, kiu kriegis. Savekspedicio elsendiĝis, kaj kiam la virino ekvidis ĝin, ŝi ĵetis la knabon surteren kaj forkuris tra la arbaro.

Lerneja tempo

Kelkajn jarojn poste Smith fariĝis lerta lernanto. Certe la zorgoj de lia patrino ludis rolon. Li estis diligenta kaj havis tre bonan memorkapablon, kion povis atesti ankaŭ tiuj, kiuj ekkonis lin kiel plenkreskulon. Poste, en *Wealth of Nations,* li priskribis la lernejan sistemon en Skotlando kaj Anglio per sufiĉe favoraj vortoj. En Skotlando preskaŭ ĉiuj ordinaraj homoj lernis legi kaj ofte ankaŭ skribi kaj kalkuli en malgrandaj paroĥaj lernejoj. En Anglio karitataj lernejoj ludis similan rolon, kvankam ne en la sama grado.

La lernejo de Smith en Kirkcaldy estis fortika duĉambra domo, kiun la urba deputitaro konstruigis la jaron kiam Smith naskiĝis, 1723. Post la baza lernado Smith ŝajne trapasis en 1731–1737 *grammer school* (mezlernejon), pri kiu la loke bone konata instruisto David Miller respondecis. Inter la aktoj de la urba deputitaro oni trovis dokumenton, kiu montras la ambiciojn pri la instruado de Miller. La latina lingvo havis ĉefan rolon, sed la lernantoj devis ankaŭ lerni legi kaj skribi la anglan kaj majstri la aritmetikon. Ian Simpson Ross trovis unu antaŭaĵon en skota edukleĝo de 1696. Alia antaŭaĵo estis plano de italaj humanistoj pri instruado pri retoriko, tia kia tiu plano estis aplikata de protestantaj reformantoj en la 16-a jarcento.

Eĉ se Smith poste fundamente aprezis la skotan lernejan sistemon, li opiniis ke kelkaj aferoj povus esti pli bonaj. Li kritikis, ke malprofunda scio pri latino havis prioritaton antaŭ utila baza scio pri geometrio kaj meĥaniko. Unu argumento en *Wealth of Nations* estis, ke "apenaŭ ekzistas ordinara profesio, kiu ne ebligas la aplikon de la principoj de geometrio kaj meĥaniko". Ordinaraj homoj devus ricevi "la necesan enkondukon, kaj en la plej sublimajn kaj en la plej utilajn sciencojn" (V.i.f.55). Lia kritiko pri la antaŭrango de latino ne malhelpis lin mem ŝati la klasikajn verkistojn.

En *Theory of Moral Sentiments* Smith pritraktas la signifon de la lernejo por la individuo en pli vasta perspektivo. Kiam la infano estas tre malgranda, ĝi ne povas regi sin mem, sed kiam ĝi fariĝis tiel granda, ke ĝi vizitadas la lernejon, ĝi spertas, ke ĝi devas povi regi kaj sian senpaciencon kaj aliajn sentojn. Alie estiĝos problemoj en la rilatoj kun la samklasanoj. La infano do "komencas uzi super siaj propraj sentoj disciplinon, por kies plena perfekteco la praktiko de la plej longa vivo tre malofte estas sufiĉa" (III.3.22). Sekve, la lernejo estis grava.

Apogante sin sur eldiroj de lernejkamaradoj de Smith, Dugald Stewart konstatas ke Smith havis pasion por libroj. Lia malforta korpa konstitucio malhelpis lin partopreni la pli aktivajn plezurojn, sed li estis varma, afabla kaj malavara kaj tial populara. Jam en la junaĝo li estis distrita kaj parolis al si mem, kaj li daŭrigis tiun kutimon dum la resto de la vivo.

Universitataj studoj

La 14-an de novembro 1737 Smith enmatrikuliĝis ĉe la universitato de Glasgovo. Li havis tiam 14 jarojn, kio en la tiama edukadsistemo ne estis precipe malalta aĝo. La universitato estis malgranda kaj havis nur 12 profesorojn. Ne estis evidente ke ĝuste Glasgovo estu elektita. Ekzistis alternativoj, precipe Edinburgo, kies universitato havis kreskantan reputacion. Tamen Smith ŝajne opiniis, ke Edinburgo estas tro multe karakterizata de diboĉado kaj krimeco. Tial li preferis Glasgovon.

Ĉe la skotaj universitatoj la studado normale komenciĝis per propedeŭtika jaro kun latino en la centro. En la dua jaro la greka lingvo estis la plej grava. Oni evidente opiniis, ke Smith jam lernis sufiĉe multe pri la klasikaj lingvoj en Kirkcaldy, kaj li rekte komencis la trian studjaron ĉe la universitato. Tiu studjaro enhavis, laŭ samtempa fonto, du horojn ĉiutage pri logiko, metafiziko kaj pneŭmatiko, kio en tiu ĉi kunteksto estis ia filozofio, krome unu horon pri geometrio. Estis eble frekventi ankaŭ lekciojn pri la greka lingvo, kion Smith ŝajne faris, kaj la grekaj lingvo kaj literaturo restis dumviva intereso.

Fine de la jaro estis ekzameno. Smith probable estis ekzamenata de, inter aliaj, Francis Hutcheson (1694–1746), kiu lekciis pri pneŭmatiko, kaj kiu la postan jaron donis lekciojn pri moralfilozofio, kiujn Smith aŭskultis. Hutcheson estis tiu profesoro, kiu estis la plej grava por Smith. Longe poste, en 1787, kiam Smith estis komisaro ĉe la skota dogano, li estis elektita rektoro de la universitato. Tio estis parttempa honorofico kun prezidaj taskoj. En dankletero al la universitatestro Smith parolas pri "la kapabloj kaj virtoj de la neforgesebla d-ro Hutcheson" (Corr 274).

Estis Hutcheson, kiu en Glasgovo rompis la tradicion lekcii en latino. Lekciante anstataŭe en la gepatra lingvo de si mem kaj de la studentoj, li faris la mesaĝon pli facile komprenata. La lekciisto esprimas sin pli klare kaj la aŭskultanto komprenas pli bone en sia gepatra lingvo. Hutcheson distingiĝis ankaŭ povante lekcii sen manuskripto, kio verŝajne dependis de tio, ke li evitis latinon.

Hutcheson havis ideojn, pro kiuj pli postaj aŭtoroj kelkfoje estas pli atentigitaj ol li. En lia *Inquiry into the Original of our Ideas of Beauty and Virtue* (Esploro pri la origino de niaj ideoj pri beleco kaj virto) ([1725] 1729) troviĝas la frazo "la plej bona estas tiu ago, kiu havigas la plej grandan feliĉon al la plej granda nombro" (180). Tiu utilisma ideo verŝajne estas pli konata kiel la fundamenta aksiomo de Jeremy Bentham en *Fragment on Government* (Fragmento pri regado) ([1776] 1891), formulita kiel "estas la plej granda feliĉo de la plej granda nombro, kio estas la mezuro de justeco kaj maljusteco" (93).

Andrew Skinner montras al vico da punktoj, kie oni povas distingi la influon de Hutcheson sur Smith, kaj laŭ Edwin Cannan oni probable trovas la embrion de *Wealth of Nations* ĉe Hutcheson en ties ĉapitro pri prezanalizo.

La moralfilozofio estis vasta studobjekto. En sia instruado Hutcheson traktis tiaĵon kiel la naturon de virto, sed li ankaŭ donis scion pri la natura leĝo. Tiu lasta entenis privatan juron, politikan ekonomion kaj politikon, kaj influis la komprenon de Smith pri la ekonomia sistemo. Religia, politika kaj ekonomia liberecoj estis gravaj elementoj ĉe Hutcheson, kiujn Smith proprigis al si. Tamen Smith ne estas konsiderata tiom radikala kiom Hutcheson ĉi-rilate.

La edukado de Smith ankaŭ inkludis naturfilozofion aŭ fizikon en vasta senco. Li konatiĝis kun la leĝoj de la mondkoncepto ĉe Newton. Tio estis en la fono, kiam Smith poste priskribis la ekonomion kiel kunigitan sistemon.

Frusomere 1740 Smith forlasis Glasgovon sen diplomo. Li estis ricevinta stipendion por studado ĉe Balliol College ĉe la universitato de Oksfordo. La stipendio estis intencata por eduki skotojn por servado en la anglikana eklezio, sed Smith ne havis emon por tio. Li rajdis sur ĉevalo al Oksfordo kaj bezonis por tio plurajn tagojn. Dum la rajdado li observis, ke la agrikulturo estis pli evoluinta kaj la lando estis pli riĉa, kiam li estis trapasinta la limon al Anglio.

La instruado en Oksfordo tiutempe estis sufiĉe senenergia. Laŭ unu dirmaniero, la instruistoj ĉe Balliol College devis tiel malmulte labori, ke ili pasigis la tempon sidantaj sur Broad Street por vidi la poŝtdiliĝencon de Londono preterpasi. Adam Smith mem priskribis per sia sarkasma maniero la situacion en letero al sia kuzo kaj kuratoro William Smith en aŭgusto 1740: "Iu mem kulpus, se li endanĝerigus sian sanon en Oksfordo per ekscesa studado, ĉar nia sola tasko ĉi tie estas iri al diservo dufoje tage kaj al lekcio dufoje semajne" (Corr 1).

Kiam Smith pli poste diskutas problemojn pri instigiloj ĉe la universitatoj, li memoras siajn spertojn de la angla Oksfordo kaj la skota Glasgovo. En *Wealth of Nations* li diras, ke donacioj al lernejoj kaj universitatoj malpliigis la premon sur la instruistojn esti diligentaj, ĉar la donacioj ebligis al ili ricevi sian vivtenadon sendepende de iliaj sukceso kaj reputacio. Plue, membroj de iu grupo emas akcepti la mallaboremon de aliaj por havi sian propran mallaboremon akceptita. Tio kaŭzis, ke "ĉe la universitato de Oksfordo la plimulto el la publikaj profesoroj de antaŭ pluraj jaroj tute ĉesis eĉ pretendi ke ili instruas" (V.i.f.8).

Riĉaj kaj malriĉaj universitatoj diferencas. Estas pli facile realigi plibonigojn en la instruado ĉe malriĉaj universitatoj, Smith diras. Tie la vivtenado de la instruistoj pli dependas de la pagoj de la studentoj. Tial la tieaj instruistoj devas flegi sian popularecon. Pro tio, la skotaj universitatoj estas la plej bonaj en Eŭropo, spite de ĉiaj mankoj.

Periodtipa observado estas, ke en landoj kie la eklezio estas riĉa kiel en katolikaj landoj kaj Anglio, la universitatoj perdas siajn plej taŭgajn membrojn, kiuj anstataŭe iras al pli allogaj postenoj en la eklezio. Kontraŭe, en kelkaj protestantaj landoj – Smith precipe mencias Germanion, Holandon, Svedion kaj Danlandon – "la universitatoj kontinue drenas la eklezion je ĉiuj plej eminentaj erudiciuloj" (V.i.g.39).

Se Oksfordo estis regresinta universitato, kial Smith restis tie ses jarojn? Unu kaŭzo komprenebla estis la stipendio, kiun li ricevis, kaj kiu donis al li 40 pundojn jare. Alia certe estis ke Oksfordo kiel malnova respektinda universitato havis bonajn bibliotekojn. Smith enprofundiĝis en legadon kaj akiris tiun klasikan klerecon, kiu saturas liajn verkojn. Tiu stimulo tamen ne sufiĉis por konstante bonteni liajn humoron kaj sanon. En novembro 1743 li skribis al sia patrino, ke li ĵus refortiĝis post severa atako de malvigleco, kiu katenis lin al la brakseĝo dum tri monatoj. Iom pli ol duonjaron poste, li klarigas, ke li prenis gudroakvon, kiu estis laŭmoda en Oksfordo kontraŭ preskaŭ ĉiuj malsanoj, kaj kiu helpis lin kontraŭ skorbuto kaj tremoj de la kapo.

Ree en Skotlando

En Oksfordo Smith parte perdis sian skotan dialekton, sed lia tiea ampleksa legado utilis al li dum la resto de lia vivo. Li revenis en 1746 al Skotlando, kiu estis stampita de la jakobistaj bataloj, kaj li vivis kun sia patrino du jarojn. Evidente li ne havis firman oficon de aŭtune 1746 ĝis aŭtune 1748, kaj okupis sin interalie per banoj tra la tuta jaro en Firth of Forth, kio ŝajne anstataŭis gudroakvon kiel lian sanigilon. Krome li daŭrigis sian privatan studadon.

En la aŭtuno 1748 komenciĝis lia kariero kiel akademia instruisto, sed ekster la universitato. Troviĝis grupoj en la socio, kiuj volis plivastigi la instruitecon, kaj en 1748–1751 Smith estis invitita doni publikajn lekciojn en Edinburgo. Angla literaturo, retoriko, la historio de la filozofio kaj juroscienco apartenas al tio, kion li pritraktis en diversaj lekcioserioj. Inter la aŭskultantoj estis studentoj pri jurscienco kaj teologio, kaj la aktiveco iom rivalis kun tiu, kiu okazis ĉe la universitato. Estis profitodonaj lekcioj por Smith. Li ricevis pli ol 100 pundojn jare, kvankam li ankoraŭ ne estis nomumita profesoro.

En decembro 1750 la antaŭa instruisto de Smith pri logiko mortis, kaj la universitato decidis, ke la profesora posteno estu reokupita. Adam Smith estis unu el la kandidatoj. Liaj sukcesaj lekcioj en Edinburgo nun estis merito. La elektantaro konsistis el grupo da profesoroj el la universitata konsilio. Kelkaj el ili verŝajne estis instruistoj de Smith kelkajn jarojn pli frue kaj bone konis lian taŭgecon. Ili elektis Smith, kaj farinte provan lekcion pri *De Origine Idearum*, krom akceptinte la kalvinisman kredkonfeson kaj ĵurinte pri fideleco al la universitato, Smith la 16-an de januaro 1751 estis promociita profesoro pri logiko.

Formale ne estis malkonkordo pri la elekto de Smith, sed malneta letero indikas, ke estis malsamaj opinioj ĉu oni elektu bonmeritan viron, t.e. Smith, aŭ "grandan" viron. Krome eble estis malkontento, ĉar Smith sendis leteron pri la elekto al Londono. Tial li provizore devus esti singarda: "Mi petas, ke pro viaj trankvilo kaj sano, vi ne permesu al vi ian koleron aŭ ĉagrenon antaŭ ol vi estos certa pri viaj faktoj", skribis lia kuracisto William Cullen (Corr 304).

Frua verko pri la historio de astronomio

Inter la malmultaj manuskriptoj, kiujn Smith ne bruligis antaŭ sia morto, estis unu pri la historio de la astronomio: "The Principles which Lead and Direct Philosophical Enquires; Illustrated by the History of Astronomy" (La principoj kiuj gvidas kaj kondukas filozofiajn esplorajn ilustritaj per la historio de astronomio). Ĝi estas nun publikigita en *Essays on Philosophical Subjects* (Eseoj pri filozofiaj temoj). Smith karakterizas ĝin kiel "fragmenton de planita junaĝverko", kiu donus interligitan historion de la scienco kaj la arto, sed kiu neniam estis finfarita. Oni kredas, ke la fundamento de la manuskripto estis farata jam dum la restado en Oksfordo en la 1740-aj jaroj, sed ke la lasta parto estis verkata pli malfrue, tamen antaŭ 1758. La plej interesaj partoj estas la enkonduko kaj la tri unuaj partoj, kie Smith evidentigas sian ĝeneralan koncepton pri scienco.

Li komencas iom nekoncentrite kaj ne tre klare analizi la tri sentojn scivolo, surprizo kaj admiro. Ilia signifo kiel instigiloj estas pli ampleksa ol atendite. Ilia efiko estas plej granda, kiam kontraŭaj ekstremoj okazas, unu post la alia: "Ĉu iu sento estas tiel akra, kiel tiu, kiu sekvas post kvereloj de amantoj, aŭ iu amo tiel pasia, kiel tiu, kiu atendas ilian repacigon?" (I.7).

Ju pli da scio ni posedas, laŭ des pli da subfakoj ni povas klasifiki la scion. Scivolo ekestas, kiam io aperas, kion ni ne povas klasifiki laŭ sia fako, aŭ kiam ni ne povas kompreni la interrilaton de diversaj okazaĵoj. Kiam ni eniras la laborejon de metiisto, ekzemple de:

"tinkturisto, bieristo aŭ distilisto, ni observas nombron da aperaĵoj, kiuj okazas laŭ ordo, kiu ŝajnas al ni tre stranga kaj mirinda. Niaj pensoj ne facile sekvas ĝin, ni sentas spacon inter ĉiuj du el la aperaĵoj kaj bezonas ian ĉenon de interaj eventoj por plenigi la spacon kaj kunĉeni la okazaĵojn. Sed la metiisto mem, kiu de antaŭ multaj jaroj konas la konsekvencojn de ĉiuj operacioj de lia arto, sentas neniun tian spacon. Ili eniĝas en tion, kion la kutimo faris la natura funkciado de lia imagado: ili ne plu ekscitas lian scivolon" (II.11).

La filozofio - kiu dum la tempo de Smith havis vastan enhavon kaj verdire respondis al la nuntempa koncepto scienco - ĝuste temas pri "la kunligantaj principoj de la naturo" (II.12). Ĝi kreas ordon en la ĥaoso de ŝajne kontraŭaj aŭ nekompreneblaj okazaĵoj. Ĝi klarigas, ekzemple, la procezon, kiam pano "konvertiĝas al karno kaj ostoj" (II.11).

Sen la historia perspektivo hodiaŭaj studentoj de ĉiaj fakoj facilanime imagas, ke ili lernas "la veron", diference de antaŭaj generacioj, kiuj ne sciis, kion instruas "moderna esplorado". Sed tio, kio estas moderna esplorado, daŭre ŝanĝiĝadas, kaj tio, kio iam estis moderna, ofte antikviĝas. Smith fariĝas sendependa de sia epoko, kiam li atentigas pri "tiu kulmino de perfekteco, kiun [la scienco] nun supozigas atingita, kaj kiun ĝi ja same supozigis atingita en preskaŭ ĉiuj antaŭaj epokoj" (II.12).

Transfekundigo riĉigas. Nur kemiisto komprenas kemiajn kunligojn. Sed kelkfoje iu el certa fako povas uzi principojn de tiu fako por komprenigi okazadojn en alia fako. Smith parolas pri erudicia kuracisto, kiu kreis "sistemon pri moralfilozofio el la principoj de lia propra arto, en kiu saĝeco kaj virto estis la sana stato de la animo, kaj diversaj malvirtoj kaj malsaĝaĵoj estis la malsanoj" (II.12). En la sama maniero aliaj personoj paraleligis pentradon kun poezio, poezion kun muziko, muzikon kun arkitekturo kaj belecon kun virto. La verkistoj interpretis fenomenojn, kiuj estis fremdaj por ili, kun helpo de tiaj, kiajn ili konis. La analogio "fariĝis la granda ĉarniro, sur kiu ĉio turniĝis" (II.12).

Do la ideo, ke malsamaj fakoj povas fekundigi unu la alian, ne estas nova. Smith evidente fundamente aprezis tian transliman pensadon. Cetere, tiamaj sciencistoj estis malmulte ligitaj per fakolimoj. Kiam Smith milde kritikas Kepler, ĉar tiu "ŝajne estis ekscesa" en sia "pasio malkovri proporciojn kaj similaĵojn inter diversaj partoj de la naturo", li evidente konsideras sian kritikon kiel escepton, ĉar tia pasio ja estas "komuna por ĉiuj filozofoj" (IV.50).

Historie antaŭ la scienca epoko estis periodo kiam malregulajn okazaĵojn de la naturo, kiel ŝtormon kaj fulmotondron, kaŭzis dioj, kiuj tiel montris sian koleron aŭ bonhumoron. Kontraŭe regulecoj, kiel la falo malsupren de peza korpo, estas rezulto de ties propra naturo. En tiu kunteksto Smith la unuan fojon uzas la esprimon "nevidebla mano" (III.2). Temas pri la nevidebla mano de la roma dio Jupitero, kiu ne bezonis interveni por ke la regulaj okazaĵoj en la naturo daŭrigu.

Smith ankaŭ diskutas pri la cirkonstancoj, kiuj apogas sciencan progreson. "Scivolo, kaj ne ia espero pri avantaĝo el ĝiaj malkovroj, estas la unua principo, kiu instigas la homaron studi filozofion" (III.3). Despotismo estas malfavora por la evoluo de scienco. Sekureco kontraŭ militinvado estas favora, kaj tio estis unu kaŭzo, ke la grekaj insuloj kaj kolonioj frue havis elstarajn sciencistojn.

Amikeco kun Hume

En oktobro 1751 Smith alvenis al Glasgovo por lekcii pri logiko. Kun tio komenciĝis tiu periodo, kiun li priskribis kiel "la plej utila kaj tial la plej ĝoja kaj plej honora periodo de mia vivo". (Corr 274). Proksimume samtempe li ekhavis kontakton kun la filozofo David Hume (1711–1776), kiu kune kun Smith formis la kernon de la skota branĉo de la eŭropa klerismo. La kontaktoj kun Parizo, kiu tiam estis la centro de la klerismo, estis kulturataj, kaj Hume dum periodoj loĝis en Francio.

Dumviva amikeco disvolviĝis inter Smith kaj Hume. Proksimume triono de la publikigita korespondado de Smith dum la periodo 1752–1776 estas leteroj de aŭ al Hume. Kiam Smith en

1773 timis pro sia sano, li konfidis al Hume la taskon neniigi la plej multajn el liaj manuskriptoj, se li mortus.

Hume publikigis sian grandan filozofian verkon *A Treatise of Human Nature: An Attempt to Introduce the Experimental Method of Reasoning into Moral Subjects* [Traktaĵo pri la homa naturo: klopodo enkonduki la empirian metodon de rezonado en moralajn fakojn] (1739–1740), sed malsukcesis fariĝi profesoro en Edinburgo en 1744–1745. Kiam ŝajna eblaĵo aperis en Glasgovo, Smith volus rekruti lin tien, sed lia deziro konfliktis kun la opinio de aliaj personoj: "Mi preferus Hume antaŭ ĉiu alia homo kiel kolegon, sed mi timas, ke la publiko ne same opinius, kaj la intereso de la socio devigas nin iom rigardi la opinion de la publiko" (Corr 10).

Io malavantaĝa por Hume estis ke li, same kiel multaj aliaj filozofoj de la klerismo, kritikis la pretendon de la eklezio posedi la veron. Kelkajn jarojn poste Hume skribis, ke li "atendas, ke la venonta asembleo solene eldiros la kondamnon al ekskomuniko kontraŭ" li (Corr 22).

Hume ne fariĝis profesoro. La decida politika opozicio evidente venis de grandinflua duko de Argyll. Hume daŭrigis kiel privata erudiciulo, kaj vivtenis sin dum la proksima tempo kiel bibliotekisto ĉe la biblioteko de la advokata societo en Edinburgo.

Profesoro pri moralfilozofio

En 1751 Smith estis nomumita profesoro pri logiko. Laŭ skota tradicio la katedro enhavis ankaŭ retorikon kaj beletron. La katedro pri moralfilozofio, kiu krom naturteologio kaj etiko inkludis jursciencon kaj politikon, estis tenata de Thomas Craigie, kiu sekvis Francis Hutcheson. Craigie estis malsaneca kaj mortis en novembro 1751 en Lisbono, kien li vojaĝis por profiti de la pli milda klimato. Jam kiam Craigie decidis forvojaĝi, Smith estis preta transpreni ties lekciojn pri jurscienco kaj politiko, aldone al siaj propraj lekcioj. Tiel li havigis al si pezan lekcidevon la unuan jaron en Glasgovo.

La morto de Craigie signifis, ke la katedro pri moralfilozofio fariĝis vaka. Smith mem volus esti translokita de sia katedro pri logiko al tiu pri moralfilozofio. La biografo de Smith, John Rae, opinias, ke la plej grava kaŭzo estis, ke Smith preferis lekcii pri ĝuste tiuj aferoj, kiuj konsistigis la moralfilozofion, sed ankaŭ ke la enspezoj de tiu katedro estis iom pli grandaj. Krome, Ross rimarkas, ke instruado pri moralfilozofio estis centra en la skota universitata edukado kaj la skota klerismo dum la tempo de Smith.

La lekcioj en la ĝenerala klaso pri moralfilozofio en Glasgovo komenciĝis je 7.30 horo matene, kaj je la 11-a horo komenciĝis unuhora pridemandado por kontroli, ke la studentoj komprenis la aferon. La lekcioj de Smith ja estis dividitaj en kvar partojn. Dugald Stewart citas informon pri la enhavo, kiun donis la lernanto kaj posta kolego de Smith, John Millar. En la unua parto, la naturteologio, Smith traktis la pruvojn pri la ekzistado kaj la ecojn de Dio, kaj ankaŭ la elementojn de la homa menso, sur kiuj baziĝas la religio. La dua parto, la etiko, temis ĉefe pri tiaj demandoj, kiajn Smith poste analizis en *The Theory of Moral Sentiments*. En la tria parto Smith diskutis problemojn rilate justecon. Koncerne la kvaran parton, Stewart rakontas:

"En la lasta parto de sia lekciaro li ekzamenis tiujn politikajn reglamentojn, kiuj estas bazitaj, ne sur la principo de *justeco*, sed sur tiu de *oportuneco*, kaj kiuj estas supozataj kreskigi la riĉaĵojn, potencon kaj prosperon de ŝtato. El tiu vidpunkto li konsideris la politikajn instituciojn koncerne komercon, financojn, ekleziajn kaj militajn establaĵojn. Tio, kion li diris pri tiuj aferoj, enhavis la substancon de la verko, kiun li poste publikigis sub la titolo *An Inquiry into the Nature and Causes of the Wealth of Nations*" (Stewart I.20).

La lekcioj pri moralfilozofio do inkludis ekonomiajn demandojn.

Smith kiel lekciisto

Kia Smith estis kiel lekciisto? Pri tio troviĝas atestaĵoj, kiuj ne estas tute unuanimaj. Laŭ unu, kiu devenas de James Wodrow, Smith unue volis sekvi la manieron de Hutcheson vivigi siajn lekciojn irante antaŭen kaj malantaŭen en la ĉambro, samtempe parolante sen manuskripto. Tio ne estis sukceso, kaj baldaŭ li laŭ tradicia maniero lekciis de la katedro.

John Millar, kiu mem vizitadis la lekciojn de Smith, donis laŭ Stewart parte alian bildon: Smith parolis senprepare, lia maniero estis simpla kaj senafekta, li ĉiam ŝajnis interesita de la temo, kaj li neniam malsukcesis interesigi la aŭskultantaron.

Ĉiu lekciisto penas konkludi el la konduto de la studentoj, ĉu ili komprenas tion, kion li diris. Ankaŭ Smith tiel klopodis:

"Dum tuta semestro certa studento kun ordinara sed esprimplena vizaĝo estis tre utila al mi kiam mi prijuĝis mian sukceson. Li sidis okulfrape antaŭ kolono. Mi havis lin konstante sub miaj okuloj. Se li kliniĝis antaŭen por aŭskulti, mi sciis, ke la klaso aŭskultas, sed se li kliniĝis malantaŭen kun pozo de neaŭskultado, mi tuj sentis, ke ĉio estas malĝusta, kaj ke mi devas ŝanĝi aŭ la temon aŭ la stilon de mia lekcio" (citita de Ross 127).

Fari notojn dum lekcioj ankoraŭ estas por studentoj la plej kutima maniero konservi la enhavon. Smith ŝajne havis ambiguan sintenon rilate al la notado de studentoj. En nekrologo oni legas, ke li kutimis diri "mi malamas skribaĉulojn", se li vidis studenton noti. La kaŭzo estis, ke li volis reteni sian intelektan proprajon. Ofte okazis ke studentnotoj el lekcioj de populara profesoro estis vendataj en la librovendejo. Estus do risko, ke iu publikigus sub sia propra nomo la enhavon de la lekcioj de Smith.

John Millar havis iom alian impreson ankaŭ pri tio. Laŭ li, Smith volonte permesis al la studentoj noti, sed tiu malavareco ofte estis misuzata, ĉar la studentoj poste publikigis la ideojn de Smith (Rae 40–41).

Feliĉa ĉiutaga vivo

La profesorajn jarojn, kiuj okupis la pli grandan parton de la 1750-aj kaj la komencon de la 1760-aj jaroj, Smith rigardis kiel la plej feliĉan periodon de sia vivo. Tiu tempo karakteriziĝis per regula ĉiutaga vivo, kio verŝajne estis bona por maltrankvila animo kiel Smith. Li legis, skribis kaj instruis, sed ankaŭ prizorgis diversajn flankajn taskojn. Ne estas mirige, ke la plej priskribitaj eventoj en la vivo de Smith okazis ekster tiu periodo.

Tamen, kelkaj aferoj estas memorataj de liaj profesoraj jaroj. Smith verkis ne nur *The Theory of Moral Sentiments* sed ankaŭ malgrandajn pecojn kiel recenzon en *Edinburgh Review* pri la granda *English Dictionary* de Samuel Johnson kaj eseon pri la origino kaj evoluo de lingvoj. Tio estas du el pluraj pruvoj pri la intereso pri lingvoj de Smith; ni revenos al tio. Plue, Smith partoprenis klubkunvenojn. Li estis ano de komitatoj. Li havis jurajn kaj financajn taskojn rilate al la administrado de la universitato, spite de sia reputacio kiel distrita, kaj tiujn taskojn li bone plenumis. Ili inkludis inspektadon de konstruaĵoj kaj proponadon pri plivastigoj kaj riparoj. Li engaĝiĝis por la universitata biblioteko kaj havis influon sur la aĉetado de libroj. Partoj de la granda franca *Encyclopédie* de d'Alemberts kaj Diderot apartenis al la akiraĵoj dum tiu tempo.

Epizodo, kiu estas rakontita en nekrologo, ilustras la kombinon de distriĝemo kaj kapabla engaĝiĝo ĉe Smith. Iam li akompanis la anglan politikiston Charles Townshend dum rondiro inter la metiejoj de Glasgovo. Dum vizito en tanejo, Smith tiel fervore parolis pri sia preferata temo, divido de la laboro, ke li forgesis en kia riska loko li estis kaj falis en basenon plenan de malsaniga miksaĵo de graso el bestohaŭtoj, kalko kaj gasoj. Oni suprentiris lin, senvestigis lin, ĉirkaŭvolvis lin per kovriloj kaj sendis lin hejmen. Tie li amare plendis, ke li "devas forlasi tiun ĉi vivon kun ĉiuj aferoj en granda malordo".

Al la kluba vivo apartenis lia engaĝiĝo en Select Society, kiu estis fondita en 1754 laŭ franca modelo. La intenco estis doni eblecon de diskutoj pri literaturaj kaj filozofiaj demandoj, kaj apogi la arton, sciencon kaj ekonomion en Skotlando. Smith estis unu el la originaj membroj, kaj je la enkonduka kunveno li klarigis al la ĉeestantoj la celon de la kunveno, kaj kian societon oni intencis fondi. Lia parolado ne estis tre sukcesa laŭ unu partoprenanto. Lia voĉo estis raspa kaj li elparolis malklare, preskaŭ balbute. Koncerne la venontajn debatojn li proponis, ke la membroj diskutu iun ajn temon, escepte de la revelacia religio kaj la principoj de la jakobistoj. Je pli postaj kunvenoj li ŝajne plej ofte sidis kun siaj propraj pensoj, sen partopreni la debatojn. La klubo rapide kreskis de 15 al 130 membroj, kaj rezultigis la idon Edinburgh Society for Encouraging Arts, Sciences, Manufactures, and Agriculture in Scotland.

La aktiveco ĉesis antaŭ ol dek jaroj pasis, kaj laŭ unu opinio la problemoj komenciĝis per sarkasma eldiro de Charles Townshend. Tiu partoprenis diskutkunvenon en la societo, sed kiam ĝi finiĝis, li plendis, ke li ne komprenis la skotan dialekton: "Kial vi ne lernis paroli la anglan, same kiel vi lernis skribi ĝin?"

Tiu eldiro evidente rapidigis la emon de iuj skotaj intelektuloj majstri la "veran" anglan, kaj post kelkaj jaroj Select Society formis specialan organizaĵon kaj dungis instruiston el Londono por lernigi la korektan anglan elparolon. Sed tio samtempe vundis la skotan vantecon, kiam oni anoncis pri la afero en la gazetaro. Homoj finis pagi la membrokotizon, kaj la aktiveco ĉesis, kion oni klarigis per "perdo de la ĉarmo de noveco" (Rae 71).

Ĉapitro 2. *La teorio pri moralsentoj*

La unua libro de Adam Smith, *The Theory of Moral Sentiments,*
publikiĝis en Londono printempe 1759. Ĝi baziĝis sur liaj lek-
cioj pri moralfilozofio, pli ekzakte la parto pri etiko. Post la pu-
blikado li malmultigis la lekciojn; la studentoj ja povus legi la
libron.

La libro estis sukceso kaj fariĝis grava por la estonta vivo
de Smith. Ĝi kondukis lin kelkajn jarojn poste al vojaĝo kun
plurjara restado en Francio kaj Svislando kiel guverniston de
juna nobelo. En ligo kun tio li forlasis la profesoran katedron en
Glasovo.

Simpatio en la centro

La kernaj konceptoj en la libro estas *simpatio* kaj la *senpartia
spektanto,* kie simpatio ofte signifas tion, kion ni prefere nomus
empatio (kunsento). John Rae trafas la esencon, kiam li diras, ke
la libro "apogas kaj ilustras la doktrinon, ke morala aprobo kaj
malaprobo en la fina analizo estas esprimoj de simpatio kun la
sentoj de imagita kaj senpartia spektanto" (Rae 83). Estas sisteme
konstruita libro, kiu komenciĝas per la ĉefaj trajtoj kaj iom post
iom venas al apartaj kazoj kaj detaloj. Por kelkaj legantoj ĝi
eble ne estas same fascina kiel *Wealth of Nations,* kie la sukplena
lingvo kaj la drastaj ekzemploj faras la legadon pura amuzaĵo.

La unua el la origine ses (sep, ekde la sesa eldono) ĉefpartoj
temas pri la "deco de ago", kaj la unua ĉapitro, kiu temas pri
simpatio, komenciĝas per la sekvanta frazo:

"Kiom ajn egoisma homo eble estas, evidente troviĝas
kelkaj principoj en lia naturo, kiuj igas lin interesata de
la sorto de aliuloj, kaj faras ilian feliĉon necesa por li,
kvankam li ricevas neniom de tio krom la plezuro vidi
ĝin" (I.i.1.1).

La kondiĉoj de tia kunsento estas pridiskutataj detale kaj ilu-
stritaj per pluraj ekzemploj. Ni ne povas rekte senti tion, kion
aliuloj travivas, sed ni povas imagi ĝin:

"Kvankam nia frato estas sur la torturkadro, tiel longe
kiel ni mem estas komfortaj niaj sentoj neniam informas
nin pri tio, kion li suferas. Ili neniam kondukis kaj neniam
povos konduki nin transe de nia propra persono, kaj nur
per nia imagado ni povas formi ideon pri liaj sentoj"
(I.i.1.2).

La simpatio estas ligita ne nur al malagrablaj aferoj sed ankaŭ
al agrablaj. Ĝi ankaŭ povas enhavi elementon de reciprokeco
krom certan malegoismon. Ni povas ĝoji pro la ĝojo de aliuloj:

"Kiam ni legis libron aŭ poemon tiel ofte, ke ni ne plu
trovas amuzon legante ĝin por ni mem, ni ankoraŭ havas
plezuron legante ĝin por akompananto. Por li ĝi havas
ĉiajn graciojn de noveco; ni eniras en la surprizon kaj
admiron, kiujn ĝi nature ekscitas en li, sed kiujn ĝi ne plu
kapablas eksciti en ni... Kontraŭe, ni ĉagreniĝus se li ne
plu ŝajnus amuziĝi pro ĝi, kaj ni ne plu havus plezuron
legante ĝin por li" (I.i.2.2).

Kiel ni prijuĝas la decon de ies sentoj? Se ili estas tute identaj
kun la niaj, ni konsideras ilin justaj. Sed plena identeco ne esta
necesa kondiĉo. En kelkaj okazoj estas maleble senti same forte

kiel la trafito, sed ni povas imagi, ke ni farus tion, se ni estus en la sama situacio kiel la trafito. Smith donas ekzemplon:

"Fremdulo preterpasas nin sur la strato kun ĉiaj signoj de la plej profunda aflikto, kaj oni tuj diras al ni, ke li ĵus ricevis informon pri la morto de sia patro. Estus maleble ke ni, en tiu okazo, ne aprobus lian aflikton. Tamen ofte povas okazi, sen ia difekto de la humaneco niaflanke, ke ni estas malproksime de eniro en lian violentan malĝojon... Ni tamen lernis de la sperto, ke tia malfeliĉo nature ekscitas tian gradon de malĝojo, kaj ni scias, ke se ni uzus sufiĉan tempon por konsideri lian situacion, plene kaj en ĉiuj partoj, ni sendube plej sincere simpatius kun li. Sur la konscio pri tiu kondiĉa simpatio, nia aprobo de lia malĝojo baziĝas" (I.i.3.4).

Virtoj

Ĝenerale oni povas paroli pri spektanto, kiu penas imagi la sentojn de la koncernato, dum la koncernato penas mildigi siajn sentojn, tiel ke la spektanto ne estu forpuŝita. Ĉi tie Smith venas al virtoj, kaj li revenas al la temo plurfoje en la libro. La klopodo de la spektanto havi kunsenton estas la bazo de "la mildaj, la delikataj, la amikecaj virtoj, la virtoj de honesta degnado kaj indulgema humaneco", dum la penado de la trafitoj bridi siajn sentojn estas ligita al "la grandaj, teruraj kaj respektindaj virtoj de abnegacio, de sinregado, de superrego de la pasioj" (I.i.5.1). Jen ekzemplo de la stoika influo sur Smith. Malegoisma konduto, tia ke ni "sentas multe por aliuloj kaj malmulte por ni mem ... konstituas la perfektecon de la homa naturo" (I.i.5.5). Smith eksplicite mencias la kristanan amprincipon "ami nian najbaron kiel ni amas nin mem" kaj opinias, ke "estas la granda precepto de la naturo ami nin mem nur kiel ni amas nian najbaron, aŭ samrezulte, kiel nia najbarao kapablas ami nin" (I.i.5.5).

Smith forte argumentas por amplena, malegoisma konduto. La egoismo ludas alian rolon, aŭ pli ĝuste estas rigardata de alia vidpunkto en *Theory of Moral Sentiments* ol en *Wealth of Nations*. En la unua libro egoismo estas morale malaprobinda, dum en la dua libro ĝi estas motoro en la ekonomio sendepende de ĝia morala karaktero.

Nova sesa parto de la libro aperis en la sesa eldono, kiu publikiĝis en 1790, la mortojaro de Smith. Tiu parto precipe atentigas pri la virtoj. Unue Smith pritraktas la prudenton aŭ kiel la karaktero de la individuo influas ties propran feliĉon. La naturo evidente ordonis al la individuo unue bone prizorgi sian korpon provizante ĝin per manĝaĵo, trinkaĵo, varmo kaj per bonaj rilatoj al aliaj homoj. Prudento estas la virto, kiu efektivigas tion. Smith donas multajn ekzemplojn pri prudento: "Sekureco ... estas la unua kaj ĉefa celo de prudento" (VI.i.6). "La prudentulo ĉiam studas serioze por kompreni tion, kion li deklaras ke li komprenas kaj ne nur konvinki aliajn homojn ke li komprenas ĝin" (VI.i.7). "La prudentulo ĉiam estas sincera" (VI.i.8). "La prudentulo ... ĉiam estas tre kapabla por amikeco" (VI.i.9).

La karaktero de la individuo povas influi ankaŭ la feliĉon de aliaj homoj, kaj tio okazas per la inklino de la karaktero dolori aŭ helpi aliulojn. La esencaj virtoj estas justeco kaj bonfaremo. La imagita "senpartia spektanto" estas grava, kiam temas pri prijuĝo de la moralo en agoj kiuj efikas sur aliajn homojn. Jen ekzemplo:

"Konvena indigno pri maljusteco provita aŭ efektive farita estas la sola motivo, kiu, en la okuloj de la senpartia spektanto, povas pravigi, ke ni iel doloras aŭ ĝenas la feliĉon de nia najbaro" (VI.ii.intro.1).

Smith montras al la opinio de la stoikuloj, ke la naturo reko-
mendis certan vicon koncerne nian prizorgadon, kaj ĝi konfir-
miĝas de niaj sentoj. Unue la individuo zorgu pri si mem, ĉar
"ĉiu homo sentas siajn proprajn plezurojn kaj siajn proprajn
dolorojn pli sensive ol tiujn de aliaj homoj" (VI.ii.1.1.). Poste
sekvas la familio kaj poste pli malproksimaj amikoj.

La naturo preskribis analogan principon koncerne tutajn
sociojn. La lando, kie ni naskiĝis kaj edukiĝis "estas normale la
plej granda socio, kies feliĉon aŭ mizeron nia bona aŭ malbona
konduto povas multe influi" (VI.ii.2.2). Tie vivas niaj plej
proksimaj parencoj kaj proksimuloj, por kiuj ni sentas pleje. La
naturo ordonas zorgadon pri la propra lando.

Kvankam niaj bonaj agoj malofte povas influi pli grandan
socion ol la propran landon, nia bona volo ne estas limigita de la
limoj de tiu lando "sed povas ampleksi la vastegan universon.
Ni ne povas imagi iun senkulpan kaj senseblan estaĵon, al kiuj ni
ne dezirus feliĉon" (VI.ii.3.1).

Estas virto meti la publikan intereson antaŭ la privata. "La
saĝa kaj virta homo ĉiam estas preta oferi sian privatan inter-
eson pro la publika intereso de lia propra klaso aŭ socio". Kaj la
lastenomitan intereson, siavice, li estas preta oferi pro "la intereso
de la granda socio de ĉiuj senteblaj kaj inteligentaj estaĵoj, de kiu
Dio mem estas la rekta administranto kaj direktoro" (VI.ii.3.3).

En konkluda sekcio de la sesa parto Smith klasifikas la vir-
tojn. La rezonado kunfandiĝas en kvar ĉefaj virtoj: Prudento,
justeco, bonfarado kaj sinregado. Prudento influas nian propran
feliĉon, dum justeco kaj bonfarado influas la feliĉon de aliuloj.
Sinregado estas ordonita de la senpartia spektanto.

La riĉaj, la malriĉaj kaj putraj sentoj

Smith havis ambiguan opinion pri la reganta ordo kun klas-diferencoj bazitaj sur deveno kaj ekonomiaj faktoroj. Li ne volis havi revolucian ŝanĝon, kiu ŝancelus la socian stabilecon. Sed li parolas pri strebado al riĉeco kaj potenco per ne ŝatantaj vortoj, kaj koncerne la suprenstrebantajn kaj koncerne la jam riĉajn. "Pro kiu motivo estas la tutaj laborego kaj ĉirkaŭhastado de tiu ĉi mondo? Kio estas la celo de la avareco kaj ambicio, de klopodo pri riĉaĵoj, de potenco kaj supereco? Ĉu estas provizi la necesaĵojn de la naturo?" (I.iii.2.1). Ne, tiel ne estas. Estas la kredo, ke prospero faras nin admirataj kaj ŝatataj, t.e. la vanteco.

Ni estas subiĝemaj rilate al tiuj, kiuj staras super ni, kaj ni emas kaj suferi kaj ĝoji kun reĝoj kaj aliaj potenculoj. Tiu tipo de kunsento ludas gravan rolon ĉe Smith:

> "Sur tiu emo de la homaro akordiĝi kun ĉiuj pasioj de la riĉuloj kaj potenculoj, baziĝas la klasdiferencoj kaj la socia ordo" (I.iii.2.3).

Li ja akceptas tiun sociordon, kvankam li ne opinias, ke ĝi baz-iĝas sur noblaj sentoj. La inklino admiri la riĉajn kaj potencajn homojn kaj malestimi aŭ almenaŭ neglekti tiujn de malalta rango estas "necesa kaj por starigi kaj por konservi la apartecon de klasoj kaj la sociordon" sed ĝi estas samtempe "la granda kaj plej universala kaŭzo de la korupto de niaj moralaj sentoj" (I.iii.3.1).

Ni volas esti respektataj kaj admirataj de aliaj homoj. Estas du vojoj por atingi tiun celon. Unu estas per studado de la saĝo kaj praktikado de la virtoj. La dua estas per riĉeco kaj potenco. Smith timas, ke "nur malgranda grupo estas la vera kaj firma admiranto de saĝo kaj virto. La granda homamaso estas admiranto kaj adoranto ... de riĉeco kaj grandeco" (I.iii.3.2).

Estas maljuste ke riĉeco kaj potenco ricevas tiun admiron, kiun saĝeco kaj virteco devus ricevi. Estas ankaŭ maljuste ke malriĉeco kaj malforteco ofte ricevas tiun malestimon, kiun malvirto kaj malsaĝeco devus ricevi. Tio ne estas novaj pensoj; tiel "plendis moralfilozofoj en ĉiuj tempoj" (I.iii.3.2).

La nevidebla mano

Unu el la tri lokoj en la verkoj de Smith, kie la metaforo "la nevidebla mano" aperas, estas en *Theory of Moral Sentiments,* kaj tio estas en sekcio, kiu vekis iom da miro:

> "La produktoj de la tero ĉiam vivtenas preskaŭ tiun nombron da loĝantoj, kiun ili kapablas vivteni. La riĉuloj elektas el la produktamaso nur tion, kio estas plej valora kaj agrabla. Ili konsumas malmulte pli ol la malriĉaj, kaj spite de siaj natura egoismo kaj avareco, kvankam ili intencas nur sian propran avantaĝon, kaj kvankam la sola celo, kiun ili proponas de la laboristoj, kiujn ili dungas, estas la kontentigo de iliaj propraj vanteco kaj nesatigeblaj deziroj, ili dividas kun la malriĉuloj la produkton de ĉiuj siaj plibonigoj. Ili estas kondukataj de nevidebla mano fari preskaŭ la saman disdividon de la necesaĵoj de la vivo, kiel okazus, se la tero estus dividita en samgrandajn porciojn inter ĉiuj enloĝantoj. Sen intenci kaj sen scii tion, ili do progresigas la intereson de la socio kaj donas rimedojn por la multobligo de de specioj" (IV.1.10).

Kiel tia konatulo de la tiama socio kiel Smith povus eĉ aludeti, ke la disdivido de la vivnecesaĵoj pere de nevidebla mano fariĝis preskaŭ egala? Por eble kompreni tion, oni bezonas selekte legi kaj streĉite interpreti tion, kion li skribis antaŭ kaj post la cititaj linioj. Tuj antaŭe Smith parolas pri fiera grandbienulo, kiu, ne pensante pri la necesaĵoj de aliuloj, imagas ke li mem konsumas ĉion, kio kreskas sur liaj kampoj. Sed tio kompreneble reale ne eblas: "La kapacito de lia stomako ne estas proporcia al la grandegeco de liaj deziroj". Tial lia stomako "ricevos ne pli ol tiu de la plej malgrava kamparano" (IV.1.10).

Se Smith ĉefe pensas pri la konsumitaj nutraĵoj, la disdivido ja verŝajne estas pli egala ol se li konsiderus ankaŭ ĉiujn aliajn varojn kaj servojn, ĝuste ĉar kiom oni povas manĝi havas limon. Sed malsato ja ekzistis, precipe dum jaroj de malbona rikolto, kaj ĝi ne estis egale distribuita.

Tuj post la metaforo pri la nevidebla mano, Smith mildigas la signifon de konsumado por vere feliĉa vivo. Malriĉulo povas esti same feliĉa kiel riĉulo. La pozicio en la socio signifas malmulte, kaj "la almozpetulo, kiu sunumas sin flanke de la ŝoseo, posedas tiun sekurecon, pro kiu reĝoj batalas" (IV.1.10).

Kelkajn paĝojn antaŭe li faras longan melankolian komenton pri kiom malmulte materia prospero helpas tiun, kiu estas maljuna, malsana kaj laca. Tiu, kiu estas en tia stato kaj akiris potencon kaj riĉecon eble ne plu suferas de la someraj pluvoj, sed estas daŭre "neŝirmita kontraŭ maltrankvileco, timo, aflikto, malsanoj, danĝero kaj morto" (IV.1.8).

La rimarkinda vortigo pri la disdivida efiko de la nevidebla mano do aperas en kunteksto, kie Smith kaj moderigas diferencojn de manĝaĵkvantoj kaj mildigas la efikon de materiaj aferoj sur la feliĉon. Favora interpreto do eble klarigas lian eldiron.

Sukceso

La libro fariĝis sukceso. Jam en 1761 venis dua eldono, kaj poste sekvis pli malpli reviziitaj eldonoj ĝis la sesa en 1790, kiu estis la lasta, kiun Smith mem prizorgis. Pluraj francaj kaj germanaj tradukoj aperis jam en la 18-a jarcento, kaj poste almenaŭ rusa, hispana kaj japana eldonoj publikiĝis. Laŭdire Smith konsideris *Theory of Moral Sentiments* kiel sian plej bonan libron.

Konata subjektiva prijuĝo troviĝas en longa letero al Smith de David Hume datita la 12-an de aprilo 1759. Hume ricevis plurajn ekzemplerojn de la libro, kiujn li jam disdonis al diversaj personoj, kaj li informiĝis pri la atmosfero en la librovendejo. Li estis en ŝercema humoro kaj asertis, ke nenio pli forte indikas, ke io estas falsaĵo, ol la aprobo de la homamaso. Li skribas:

"Mi daŭrigas rakontante al vi la tristan novaĵon, ke via libro estis tre malsukcesa: Ĉar la publiko ŝajne inklinas aplaŭdi ĝin ekstreme. Ĝi estis iom senpacience serĉata de la stultaj homoj, kaj la literaturo popolaĉo jam fariĝis tre laŭta en siaj laŭdoj. Tri episkopoj vizitis hieraŭ la butikon de Millar por aĉeti ekzemplerojn kaj por fari demandojn pri la aŭtoro. La episkopo de Peterborough diris, ke li pasigis la vesperon en rondo, kie li aŭdis ĝin esti glorata super ĉiujn librojn en la mondo. Vi povas konkludi, kian opinion veraj filozofoj havos pri ĝi, kiam tiuj adeptoj de superstiĉo laŭdas ĝin tiom laŭte" (Corr 31).

(La sinteno rivelita per la blasfema lasta frazo komprenigas, kial Hume ne povus esti akceptita kiel profesor.) Pli grava por Smith ol la episkopoj estis alia persono, kiun Hume menciis, kaj kiun ni jam renkontis, nome la politikisto Charles Townshend. Tiu estis duonpatro de la tria duko de Buccleuch kaj estis tiom impresita de la libro, ke li volus meti la dukon en edukadon ĉe la aŭtoro. Hume pensis, ke tio okazus tiel, ke la juna duko estu sendata al Glasgovo, ĉar li ne povis imagi, ke Townshend ofertus al Smith tiel bonajn proponojn, ke li forlasus sian katedron. Hume eraris pri tio, al kio ni revenos.

Ĉapitro 3. *La lingvo de la homo*

La lingvo estis unu el la multaj aferoj, kiuj interesis Smith. Eble legado de nur lia plej konata verko, *An Inquiry into the Nature and Causes of the Wealth of Nations* rezultus en dubo pri tiu aserto. En tiu libro li kritikas, ke supraĵa kono pri latino en la lernejoj estas konsiderata pli grava ol elementa kono pri geometrio kaj meĥaniko. Sed tie temas pri prioritatoj en baza edukado. Li mem volonte legis latinajn klasikulojn kaj spicis siajn prelegojn per latinaj esprimoj.

Kial Smith interesiĝis pri la lingvo? Serĉante la respondon, ni ne povas preterlasi liajn skotajn spertojn. La lingvo ja estas socia markilo, kaj la skota dialekto de la angla havis malaltan prestiĝon. La epizodo kun Charles Townshend kaj *Select Society*, menciita en la fino de la unua ĉapitro, montras kiel delikata la lingvo estis por la skotoj.

Krom la skota kaŭzo, erudicia eŭropano tiutempe nepre devis koni plurajn lingvojn, i.a. la grekan kaj la latinan, por legi la esencan literaturon kaj esti ĝuste erudicia eŭropano. Listo pri libroj poseditaj de Smith montras, ke proksimume triono estis en la franca, triono en la latina, greka aŭ itala, kaj triono en la angla lingvo. Sed la neceson koni plurajn lingvojn, Smith dividis kun siaj kolegoj, kaj ne ĉiuj klopodis priesplori la esencon kaj naturon de la lingvo.

Unu el la unuaj artikoloj de Smith estis recenzo de vortaro, kiun ni baldaŭ pritraktos. La lingvo ludis gravan rolon en liaj prelegoj pri retoriko kaj beletristiko, kiujn ni poste pridiskutos. La cetero de la ĉapitro ni ĉefe dediĉas al lia eseo pri la la origino kaj evoluo de la lingvoj.

La vortaro de Johnson

Frua frukto de la lingvointereso de Smith estis lia recenzo de
A Dictionary of the English Language de Samuel Johnson. Tiu re-
cenzo unue estis publikigita en la unua numero de *Edinburgh
Review* en 1755. Poste ĝi estas republikigita kelkfoje, antaŭne-
longe en *Essays on Philosophical Subjects*.

La vortaro de Johnson havis pli altan kvaliton kaj estis
pli ampleksa ol antaŭaj anglaj vortaroj. Tial ĝi havas gravan
historian lokon. Smith laŭdas ĝin, sed estas tamen iom kritika.
Temas precipe pri la dispozicio. Kiel sistemulo, Smith opinias
ka la gramatiko devus direkti la dispozicion. Verkante longajn
alternativajn artikolojn pri la vortoj *but* kaj *humour*, Smith
montras kiel Johnson povus plibonigi la prezentadon.

Smith malkaŝas sin kiel ekonomikisto en la fino. Laŭdinte
kaj rekomendinte la libron, li konkludas ke ĝia graveco fine
dependas de ĝia uzado, t.e., li aplikas merkatan principon:

"Ĝia merito devas esti determinita de la ofteco laŭ kiu
oni turnas sin al ĝi. Tio estas la plej korekta testo de ĝia
valoro: kritiko povas esti falsa, privata prijuĝo senbaza;
sed se tia verko estas multe uzata, ĝi ricevis sankcion de
la publika aprobo."

Edinburgh Review estis revuo por recenzoj. "Ĝia motivo estis
la skota soifo pri 'mem-plibonigo', kaj ĝi esprimis la kuriozan
miksaĵon de nacia fiereco kaj sento de malsupereco (precipe
koncerne la lingvon), kiu estis tiel karakteriza por la 18-jarcenta
Skotlando", skribas John Bryce en la enkonduko de la represo de
la recenzo. Ke Smith elektis recenzi guste la vortaron de Johnson
en la unua numero de la revuo, tial povas estis rigardata kiel
parto de programo, li opinias.

Retoriko kaj beletristiko

Kiam Smith en 1751 fariĝis profesoro pri logiko ĉe la universitato de Glasgovo, li lekciis ankaŭ pri retoriko kaj beletristiko. Tio multe interesis lin, kaj li daŭrigis tion en la "privata" klaso, kiun li poste instruis fariĝinte profesoro pri moralfilozofio. Dugald Stewart citas John Millar, laŭ kiu Smith opiniis, ke estas necese aranĝi la lekciojn alimaniere ol faris liaj antaŭuloj sur la katedro de logiko. Li volis "direkti la atenton de la studentoj al studoj de pli interesa kaj utila naturo ol la logiko kaj metafiziko de la lernejoj". Doninte al la studentoj nur tiom da antikva logiko, kiom estis bezonata por kompreni tiun artan manieron rezoni, kiu iam estis uzata de la erudiciuloj, li uzis la reston de la tempo al retoriko kaj beletristiko.

Bedaŭrinde, per helpo de du amikoj li bruligis siajn prelegnotojn tuj antaŭ sia morto, sed danke al retrovitaj notoj de du studentoj, la enhavo de 29 lekcioj pri retoriko kaj beletristiko, kiujn Smith faris en 1762–1763, estas savitaj al la posteuloj sub la titolo *Lectures on Rhetoric and Belles Lettres*. La unua triono temas pri la lingvo kaj ties evoluo. El ĉiuj aspektoj, kiujn li sisteme pritraktas, parte per ekzemploj de klasikaj aŭtoroj, ni elektu kelkajn fragmentojn.

Smith sin montras kiel lingva puristo. Li malŝatas, ke "bona angla vorto" kiel ekzemple *unfold* preskaŭ estis forpuŝita de la franca *develope*, ĉar la franca ne povis same bone transigi la enhavon al anglalingva leganto. Tamen, li rimarkigas ke fremda vorto post kelka tempo povas esti naturalizita kaj fariĝi same konata kaj uzebla kiel malnovaj anglaj vortoj.

La vortoj de la angla lingvo eble bezonas pli da zorgado ol tiuj de aliaj lingvoj, ĉar novaj vortoj "senĉese forpuŝas niajn proprajn originajn, tiel ke la provizo de niaj propraj nun fariĝis tre malgranda kaj ankoraŭ malgrandiĝas". Ni rekonas la argumenton en la nuna debato, sed nun, inverse, temas pri penetro de anglaj vortoj en aliajn lingvojn.

La prelegoj numero 12–30 temas pri diversaj manieroj fari buŝan aŭ skriban prezentadon. Malsamaj reguloj direktu historiajn, poeziajn, panegirajn, sciencajn kaj jurajn prezentadojn. Oratoro aŭ verkisto celas aŭ prezenti nur kelkajn faktojn, aŭ konvinki iujn pri la vero de aserto. La lastenomita, konvinkiga kazo reprezentiĝas de du specoj de diskurso: la retorika kaj la didaktika.

La retorika diskurso ĉiel celas konvinki pri certa demando. Tial oni pligrandigas ĉiujn argumentojn por la partio, kiun oni volas favori, kaj malgrandigas aŭ kaŝas la argumentojn por la kontraŭa partio.

La didaktika diskurso, kontraŭe, intencas korekte montri la argumentojn de ambaŭ partioj, laŭ Smith. Ĉiu argumento ricevas sian ĝustan pezon, kaj la celo ne estas konvinki pli ol la argumentoj mem kapablas.

Oni povas noti kelkan gliton, kiam Smith poste en la 24-a lekcio pritraktas sciencan verkadon. Kiam li tie parolas pri la didaktika metodo, kiu regu en scienca kunteksto, li priskribas ĝin tiel: "la celo de la verkisto estas meti propozicion kaj pruvi ĝin per diversaj argumentoj, kiuj sekvigas la konkludon" (ii.125). Kie estas la kontraŭargumentoj?

Du metodoj estas uzataj en didaktika diskurso. Laŭ la unua, ni akceptas unu aŭ kelkajn fundamentajn principojn, kiuj jam estas konataj aŭ komence demonstritaj. Ili poste helpas nin klarigi diversajn fenomenojn. Smith nomas tiun metodon *Newtona*, kaj ĝi estas "sendube la pli filozofia kaj ... multe pli genia kaj tial pli engaĝanta ol la alia" (ii.133). Ĝi helpas nin kompreni dependecojn inter diversaj okazaĵoj, kiuj alie ŝajnus neklarigeblaj. Smith poste mem uzas tiun metodon en *Wealth of Nations*.

La malpli bona dua didaktika metodo implicas, ke ni komence diras, ke ni klarigos certajn aferojn, kaj poste por ĉiu unuopa afero uzas klarigan principon, kiu povas esti aŭ unika aŭ uzita antaŭe. Tio estas nekohera metodo, kie "ĉio estas klarigita por si mem, sen ia referenco al io alia" (ii.134). Smith atribuas ĝin al Aristotelo.

La origino de la homa lingvo

La mallonga tria lekcio pri retoriko kaj beletristiko temis pri la origino kaj evoluo de lingvoj. Tiun temon Smith pli detale evoluigis en la eseo *Considerations Concerning the First Formation of Languages and the Different Genius of Original and Compounded Languages,* kiu unuafoje publikiĝis en *The Philological Miscellany* en 1761. La ideon pri la temo Smith verŝajne ricevis de pluraj fontoj: Rousseau, Girard, Mandeville.

"La demando pri la origino de lingvoj estas multe diskutita sed neniam plene solvita", laŭ moderna enciklopedio. En la 19-a jarcento tiom da teorioj pri la temo floris, ke la influa *Société de Linguistique de Paris* en 1866 anatemis pluan diskuton (Christiansen kaj Kirby). Nur en la 1990-aj jaroj la temo revekiĝis, stimulita de progreso en esploroj pri la cerbo. La biologia evoluo de la homo nun fariĝis grava por kompreni la originon de la lingvo.

La homo de Smith, kontraŭe, estis anatomie preta de la komenco, kreita de Dio. Tial li povis limigi la analizon je la socia kaj kultura evoluo de biologie neŝanĝanta specio. Smith ne bezonis konsideri la evoluciteorion de Darwin jarcenton poste.

La analizo de Smith pri la origino de lingvo necese estas spekulativa aŭ dedukta el supozoj, ĉar mankas al li empiriaj komencaj faktoj. Dugald Stewart nomas la metodon de Smith *teoria historio* aŭ *konjekta historio.* Smith baziĝas sur "konataj principoj pri la homa naturo", kiuj ebligas provizorajn konkludojn pri la proceso laŭ kiu la diversaj elementoj de lingvo aperis.

Precipe la unuaj partoj de la eseo povus esti nomata teoria historio. Tie Smith pritraktas vortkategoriojn. Li opinias ke nepersonaj verboj kiel *pluit*, pluvas, verŝajne estis la unuaj vortoj. *Venit* povus signifi la tutan okazaĵon, kiam leono venas, kaj esti tiu vorto, kiun la timigitaj sovaĝuloj elkriis, kiam ili ekvidis tian beston. (La sovaĝuloj evidente parolis la latinan.) Pli malfrue en la evoluo de la lingvo, *venit* ne indikis, ke ĝuste leono venas. Tiam aldona vorto estis bezonata por montri tion, kio venas, ekzemple *venit ursus,* urso venas, aŭ *venit lupus,* lupo venas.

Kvankam Smith kredas, ke la unuaj vortoj estis verboj, li unue pritraktas substantivojn. Se renkontiĝas du sovaĝuloj, kiuj neniam lernis paroli kaj kiuj elkreskis en malsamaj lokoj, ili bezonas iel komunikiĝi. Ili tiam eligas certajn sonojn, kiam ili volas indiki individuajn objektojn, ekzemple certan kavernon, certan arbon aŭ certan fonton. Poste, "kiam pli vasta sperto de tiuj sovaĝuloj igis ilin observi, kaj iliaj bezonoj devigis ilin mencii aliajn kavernojn kaj aliajn arbojn kaj aliajn fontojn, ili nature donus al ĉiu nova objekto la saman nomon, kiun ili alkutimiĝis uzi por tiu simila objekto, kiun ili unue konis" (1).

Smith montras al parenca fenomeno: Infano lernante paroli, nomas paĉo aŭ panjo ĉiun personon, kiu venas al la hejmo. Ĝi donas al ĉiuj viroj kaj virinoj la nomojn, kiujn ĝi lernis uzi por du individuoj. Do, laŭ Smith certa substantivo unue signifas ion individuan, sed poste estas pli vaste uzata por similaj aferoj.

Tamen, baldaŭ oni bezonis diferencigi inter individuaj objektoj en grupo. Tiel originis du aliaj specoj de vortoj, adjektivoj kaj prepozicioj. La adjektivo "*verda* esprimas certan kvaliton" kaj la vortoj "*verda arbo,* ekzemple, povus servi por distingi certan arbon de aliaj, kiuj estis velkintaj aŭ sensukiĝintaj" (4). Prepozicioj kiel *super* kaj *sub* indikas rilaton inter la objektoj.

Troviĝas ankaŭ alia principo por distingi aferojn unu de la alia: per sufiksoj. Smith nun prenas ekzemplojn de la formoriĉa latino, kie rilatoj multe pli ol en la angla estas esprimataj per sufiksoj anstataŭ per prepozicioj kaj pronomoj.

La evoluo de novaj lingvoj

Ŝanĝado kaj evoluo estis en la centro de la intereso de Smith, kiam temis pri la lingvo, la ekonomio aŭ io alia. Observinte la diferencon inter la angla kaj malnova lingvo kiel latino, li havas fundamenton por principa rezonado pri lingvoevoluo. Li konstatas ke la maljunaj lingvoj estis formoriĉaj kun multaj deklinacioj kaj konjugacioj. Tial io, kio estas dirata per pluraj vortoj en juna lingvo, eble bezonus nur unu vorton en maljuna lingvo. "En latino *veni, venisti, venit* sufiĉe indikas, sen ia aldono, la okazaĵojn esprimitajn per la anglaj propozicioj *I came, you came, he* aŭ *it came*" (32).

La evoluo for de la formoriĉaj lingvoj komenciĝis, kiam homoj de malsamaj nacioj miksiĝis sekve de migrado aŭ militkonkero. Tiam tiuj, kiuj volis kompreni sin, devis lerni la alian lingvon. Multaj homoj estis ekstreme konfuzitaj pro ties komplikaj deklinacioj kaj konjugacioj. Ili kompensis sian nescion pri la fleksiaj formoj per "ajna ŝanĝo, kiun la lingvo povus permesi al ili" (33). Anstataŭ uzi unu vorton kun certa fleksio, kiu donus certan signifon, ili povus uzi plurajn vortojn. "Lombardo, kiu volus diri 'mi estas amata', sed kiu ne memoris la vorton *amor*, nature penus anstataŭigi sian nescion dirante *ego sum amatus*" (34).

Poste Smith klarigas la diferencon inter maljuna lingvo kiel la greka, unu iom pli juna kiel latino, kaj aliaj eĉ pli junaj kiel la franca, la itala kaj la angla. La grekoj formis sian lingvon preskaŭ tute memstare, kaj kutimis krei novajn esprimojn el sia propra lingvomaterialo. "Tial la deklinacioj kaj konjugacioj de la greka estas multe pli komplikaj ol tiuj de iu ajn alia eŭropa lingvo, kiun mi konas" (37), Smith diras.

Latino estis miksaĵo de malnovaj toskanaj dialektoj kaj la greka. Ĉar komplika morfologio erodiĝas, kiam lingvoj renkontiĝas, la deklinacioj kaj konjugacioj de latino estis "multe malpli komplikaj ol tiuj de la greka" (38).

La franca, siavice, estis formita el latino kaj la lingvo de la frankoj, dum la itala originis el latino kaj la lingvo de la antikvaj lombardoj. Tial la morfologio de la franca kaj la itala estis eĉ pli simpla ol la morfologio de latino.

La angla, fine, estis kombino de malnovaj saksaj lingvoj kaj la franca, kiu enpenetris post la normanda okupo. La angla do havis eĉ pli simplan morfologion ol la franca, kaj kompensis tion per pli kompleksa sintakso, kie i.a. la vortordo estis grava.

Ĝenerale, "ju pli simpla iu lingvo estas en sia sintakso, des pli kompleksa ĝi devas esti en siaj deklinacioj kaj konjugacioj" (36), kaj inverse. Tiu principo ankoraŭ validas.

Kion montras la lingvoanalizo de Smith?

Ni supre resumis la esencon de la verkado pri lingvoj de Smith. Kiom ĝi koincidas aŭ malkoincidas kun la nuna opinio de lingvistoj eble ne tre gravas. Interese estas, ke ni ĉi tie havas unu el la fontoj pri la ĝenerala sinteno al scienco de Smith.

Unue, liaj lekcioj kaj i.a. *Considerations Concerning the First Formation of Languages* montras, ke liaj sciencaj interesoj estis vastaj kaj etendiĝis ekster la ekonomiko, pro kiu li estas ĉefe konata. Tia vasteco karakterizis multajn el la tiutempaj sciencistoj.

Due, same kiel en lia ekonomika verkado, ŝanĝado kaj evoluo estas en la fokuso (tamen ne koncerne la anatomian evoluon de la homo, kiu estis nekonata).

Trie, Smith donas ekzemplon de diversaj metodoj laŭ la cirkonstancoj. La origino de la lingvo estas analizata ĉefe per dedukto el supozoj pri la homa konduto, dum lia analizo pri la diferenco inter lingvoj havas ankaŭ induktajn elementojn.

Kvare, same kiel en *Wealth of Nations* li pensas laŭ la modelo de tuta sistemo, kie diversaj aferoj dependas unu de la alia. Ekzemple estas dependeco inter la morfologio kaj la sintakso de lingvo, tiel ke kompleksa sintakso kompensas malriĉan morfologion, kaj inverse.

Ĉapitro 4. *Eksterlanda vojaĝo kaj verkado*

La 1760-aj jaroj enhavis grandajn ŝanĝojn en la vivo de Smith. Li nun rikoltis la fruktojn de la sukceso de *Theory of Moral Sentiments*. En 1764 li forlasis sian profesoran postenon por akompani junan nobelon al Francio kaj Svislando. Tie li vivis preskaŭ tri jarojn, kaj reveninte li ne reiris al la universitato sed ĉefe okupiĝis per finverkado de *An Inquiry into the Nature and Causes of the Wealth of Nations,* kiu eldoniĝis en 1776. Sed la komenco de la periodo estis daŭrigo de tradicia universitata vivo.

Daŭrigo en Glasgovo

Iom da korpaj ekzercoj favoras la bonfarton de studentoj, kaj en 1761 Smith akceptis esti membro de laborgrupo por starigi akademion por danco, skermo kaj rajdo sub la universitato de Glasgovo. Tamen, el tiu projekto verŝajne nenio rezultis, kaj cetere danco estis rigardata kun iom da skeptiko.

En novembro 1762 li fariĝis membro de komitato kun tute alia celo. La celo estis, ke la universitato faru premon al la urba administrantaro por malhelpi, ke teatro estos konstruata en la urbo. Estas iom surprize, ke Smith aprobis esti membro de tia komitato, ĉar kaj pli frue kaj poste li montris intereson por teatraĵoj. En *Wealth of Nations* li forte argumentas, ke la ŝtato devus akceli tiajn aferojn,

> "donante tutan liberon al ĉiuj, kiuj pro sia propra intereso volus klopodi, sen skandalo aŭ maldeco, por amuzi kaj distri la homojn per pentrado, poezio, muziko, danco, per ĉiaj dramaj reprezentadoj kaj montradoj" (V.i.g.15).

Tio estus unu maniero por la ŝtato (la alia estus stimulo de studado) malhelpi la homojn esti subpremataj sub la tro severaj moralreguloj, kiujn la etaj religiaj sektoj de la lando praktikis. Ke Smith, spite de sia principa favoro pri teatroj, engaĝiĝis kontraŭ teatron en Glasgovo, laŭ la bonvola interpreto de Rae dependis de tio, ke la teatro riskus sekvigi skandalojn kaj malĉastecon, kaj "neniam estas dubo, ke se libera komerco kaj publika moralo konfliktas, la libera komerco devas cedi" ĉe Smith (Rae 51).

La lekcioj de Smith komence de la 1760-aj jaroj havis efikon ankaŭ eksterlande per gaststudentoj. Konata kuracisto en Ĝenevo sendis en 1761 sian filon al Glasgovo, por ke tiu studadu ĉe Smith. Samjare du rusaj studentoj alvenis. Ili restis ses jarojn kaj studis ĉefe sub Smith kaj John Millar. Tio akordiĝis kun plano de Katerina la granda, ke junaj rusoj kompletigu sian edukadon eksterlande. La du rusoj fariĝis en 1767 doktoroj pri jurscienco, kaj reveninte hejmen ili fariĝis profesoroj ĉe la Moskva universitato, fondita en 1755. Iliaj publikigitaj lekcioj estas influitaj de la ideoj de Smith, el kiuj kelkaj venis al la rusa kortego jam antaŭ ol *Wealth of Nations* estis publikigita. Ili ankaŭ defiis la establitan ordon lekciante en la rusa lingvo anstataŭ en latino, diference de siaj ĉefe germanaj kolegoj.

Al Francio

Charles Townshend, kies nomon ni jam renkontis, estis grava kaj talenta politikisto. Li fariĝis membro de la brita Ĉambro de Deputitoj jam kiel 21-jara. Pli poste li fariĝis financministro kaj faris doganpolitikon, kiu en 1767 provokis la koloniistojn en Norda Ameriko al perfortaj agoj.

Per edziĝo Townshend fariĝis duonpatro de la tria duko de Buccleuch, Henry Scott. Tiu estis forlasonta la pensionlernejon

Eton Kristnaske 1763 kaj laŭ la kutimo de junaj nobeloj estis faronta sian *Grand Tour* [granda vojaĝo] kun Francio kiel ĉefa celo. Smith kaj Townshend evidente komunikiĝis pri la afero pli frue, ĉar en letero datita la 25-an de oktobro 1763 Townshend demandas ĉu Smith daŭre emas vojaĝi kun la junulo.

Smith respondis jese kun la aprobo de la fakultato. Skrupula pri monaferoj, li volis transigi sian universitatan salajron al sia anstataŭanto, kaj li repagis al la studentoj iliajn kotizojn. Laŭ priskribo citita de Rae, tio ne estis facila:

"Fininte sian lastan lekcion kaj anoncinte publike de la katedro, ke li nun fine adiaŭas siajn aŭskultantojn, li informis ilin samtempe pri la aranĝoj, kiujn li faris laŭ sia kapablo por ilia bono. El sia poŝo li tiris la kotizojn de la studentoj, envolvitajn en paperajn paketojn, kaj komencinte alvoki ĉiun per lia nomo, li transdonis al la unua la monon en lian manon. La junulo rezolute rifuzis akcepti ĝin, klarigante ke la instruado kaj plezuro, kiujn li jam ricevis, valoris multe pli ol tio, kion li pagis aŭ iam povus kompensi, kaj komuna krio kun la sama enhavo aŭdiĝis de ĉiuj en la ĉambro. Sed S-ro Smith estis necedema. Espriminte varme siajn sentojn de dankemo kaj la fortan senton, kiun li havis pro la estimo montrita al li de liaj junaj amikoj, li diris, ke tio ĉi estas afero inter li kaj lia propra menso, kaj ke li ne povus resti kontenta, se li ne farus tion, kion li konsideris ĝusta kaj deca. 'Vi ne rajtas rifuzi al mi tiun ĉi kontentiĝon; ne, je Dio, ĝentlemanoj, vi ne faru.' Kaj kaptante je la jako la junulon, kiu staris apud li, li ŝovis la monon en lian poŝon kaj poste forpuŝis lin. La aliaj komprenis, ke estas vane kontesti la aferon" (Rae 100–101).

La kondiĉoj, kiujn Townshend proponis, estis bonaj. Smith rice-
vus 500 pundojn jare dum la vojaĝo kaj poste ĝismortan pension
de 300 pundoj jare. La pensio ebligis al li post la vojaĝo retiriĝi
al Kirkcaldy por finverki *Wealth of Nations*. Smith ankaŭ ĝoje
antaŭvidis renkontiĝon kun David Hume, kiu dum la somero
venis al Parizo por deĵori ĉe la brita ambasado. La eblo renkonti
la francajn klerismajn filozofojn certe ankaŭ logis lin. Smith
esprimis admiron de Diderot kaj d'Alembert, la redaktoroj de la
granda franca enciklopedio, kaj ili fariĝis liaj amikoj en Parizo.

La 13-an de februaro 1764 Smith alvenis al Parizo kun la 18-
jara duko. Eble li dubis pri la utilo por la duko, ĉar kiam li pli
poste en *Wealth of Nations* diskutas tiajn vojaĝojn la neta rezulto
ŝajnas negativa: Certe 17–18-jara junulo lernas ion dum kelkaj
jaroj eksterlande; interalie li akiras supraĵajn sciojn pri unu
aŭ du lingvoj. Sed lia karaktero malboniĝas kompare kun tio,
kio okazus, se li studus aŭ laborus hejme. Malproksime de la
kontrolo de gepatroj kaj parencoj, li riskas dediĉi sin al malseri-
oza diboĉado. Nenio krom la dekadenco de la universitatoj po-
vus venigi "bonan reputacion al tiel absurda kutimo kiel vojaĝ-
ado tiel frue en la vivo".

Nu, kun bona akompananta guvernisto la rezulto eble pli-
boniĝus? Pri tio Smith diras nenion, sed donas en la sekvanta
frazo imageblan klarigon pri la populareco de la eksterlandaj
vojaĝoj: "Sendante sian filon eksterlanden, patro liberigas sin
mem, almenaŭ por kelka tempo, de tiel malagrabla afero kiel
tiu de filo senlabora, neglektata kaj ruiniĝanta antaŭ liaj okuloj"
(V.i.f.36).

Post iom pli ol unu semajno Smith kaj la duko pluvojaĝis
al Tuluzo, kie ili restis dum la plej granda parto de la du jaroj
en Francio. Ne estas evidente, kial Townshend estis elektinta
Tuluzon antaŭ Parizo, sed li certe ne havis la plejbonon de Smith
antaŭ siaj okuloj sed la plejbonon de la duko. Tuluzo havis
mildan klimaton kaj estis tiutempe ŝatata ripozloko de bonhavaj

angloj. La urbo estis eklezia centro, ĝi havis lokan parlamenton, akademiojn por arto kaj scienco, kaj universitaton.

La unua tempo en Tuluzo evidente ne estis tre fruktodona. Oni ne ekhavis tiujn kontaktojn, je kiuj Townshend kalkulis. Do Smith kaj la duko estis sufiĉe solaj. Tamen du junaj norvegoj, Peter kaj Karsten Anker, vizitis ilin kune kun sia guvernisto Andreas Holt. (Peter Anker kaj Andreas Holt pli poste estis iom engaĝitaj en la tradukado de *Wealth of Nations* en la danan.)

La 5-an de julio 1764 Smith skribis al Hume, kiu deĵoris ĉe la brita ambasado, kaj plendis pri la situacio: La duko ne konis iun francon. Smith mem ne povis flegi la rilatojn al siaj malmultaj tieaj konatoj, ĉar li ne povis inviti ilin hejmen, kaj ne ĉiam estis libera iri al ili. "La vivo, kiun mi havis en Glasgovo, estis plezura, disipa vivo kompare kun tiu, kiun mi nun vivas ĉi tie. Mi komencis verki libron por pasigi la tempon" (Corr 82).

Tio kredeble estis la unua fojo, ke Smith mencias ion pri tiu libro, kiu fine publikiĝis kiel *Wealth of Nations*. Tio ne signifas, ke li nur nun komencis plani kaj verki. Pluraj el liaj fruaj ideoj troviĝas en *Lectures on Jurisprudence*. Oni opinias, ke frua malneto de parteto de *Wealth of Nations* estis verkata antaŭ aprilo 1763, kaj ĝi nun estas publikigita en apendico de *Lectures on Jurisprudence*.

De la bazo en Tuluzo Smith kaj la duko faris kelkajn ekskursojn, kaj laŭ la kutimo de la tempo ili kunportis leterojn de referenco. En la letero al Hume de la 5-a de julio 1764 Smith skribas, ke la duko intencas veturi al Bordozo. Evidente la juna duko decidis tiajn aferojn, ne Smith, kiu estis lia guvernisto kaj akompananto. Smith petas de Hume, ke tiu havigu referencojn al la duko de Richelieu, la markizo de Lorges kaj la intendanto de la provinco. Hume igas la ambasadoron skribi tiajn referencleterojn, sed en la dankletero Smith rimarkas, ke la ambasadoro efektive nomis lin Robinson anstataŭ Smith en unu el la leteroj.

La duko de Buccleugh ankaŭ studis dum la restado en Tuluzo. En letero al Hume Smith skribas, ke la duko legis la verkojn de Hume plurajn fojojn. Tio estis utila al la duko, eĉ se estus risko, ke li adoptus kelkajn el la "fiaj principoj" de Hume (Corr 86).

Aŭtune 1765 Smith kaj lia protektato iris al Ĝenevo, kie ili restis kelkajn monatojn. Per tiu jam menciita Ĝeneva kuracisto, kiu sendis sian filon al Glasgovo, Smith estis akceptita en la societan vivon de la urbo. La konatiĝo, kiun li pleje aprezis, estis tiu kun Voltaire, kiu depost 1758 loĝis en Ferney iom norde de Ĝenevo. La admiro de Smith pri Voltaire estas dokumentita kaj en anekdota materialo kaj en la verkoj de Smith.

En decembro 1765 Smith kaj la duko veturis de Ĝenevo al Parizo, kie ili restis dek monatojn, kaj kie Smith estis invitita al la filozofiaj salonoj. Ĉi tie li renkontis i.a. la redaktorojn de la granda enciklopedio d'Alembert kaj Diderot, la ekonomikiston Turgot kaj la filozofon Helvetius. Precipe gravaj estis liaj renkontiĝoj kun la grupo ĉirkaŭ la kuracisto kaj ekonomikisto François Quesnay. Tiu havis en sia hejmo kunvenojn kun *les économistes* aŭ la fiziokratoj, kiuj formis grupon de ekonomikaj pensantoj kun liberala sinteno. (La esprimo *laissez-faire*, lasu fari, estas atribuita al la markizo de Gournay, kiu, same kiel la fiziokratoj, fervoris pri libera komerco.)

Alia karakterizaĵo de la fiziokratoj estis, ke ili donis apartan pozicion al la agrikulturo. Nur la agrikulturo povus produkti pozitivan netan rezulton. Pri tio Smith ne konsentis. Li verŝajne pli aprezis la manieron de Quesnay en *tableau économique* (ekonomia tabelo) ilustri kiel produktado, konsumado kaj enspezoj en malsamaj sektoroj estas interligitaj, sed li estis kritika pri detaloj. Smith intencis dediĉi *Wealth of Nations* al Quesnay, sed tiu mortis jam en 1774.

La aŭtuno 1776 estis malfacila por Smith. En aŭgusto la duko grave malsaniĝis kun alta febro. En oktobro lia pli juna frato Hew Campbell Scott, kiu ankaŭ estis en Francio, malsaniĝis je febro, vomado kaj diareo. La kuracisto de la brita ambasado en interkonsento kun Quesnay preskribis opion, vomigilon, laksigilon kaj sangeltiron, sed spite de tio la paciento mortis post kelkaj tagoj.

Ree hejme

La morto de la junulo ankaŭ egalis al fino de la restado en Francio. Smith kaj la duko kunprenis la kadavron el Parizo kaj atingis Doveron la 1-an de novembro 1766. Reveninte al Anglio Smith vivis en Londono dum duonjaro. Post tio li transloĝiĝis al panjo en Kirkcaldy kaj vivis tie la sekvantajn sep jarojn kaj faris tion, kion li ŝatis. En junio 1767 li skribis al Hume:

> "Mia okupo ĉi tie estas studado, pri kio mi estis tre profunde engaĝiĝinta dum proksimume unu monato. Mia amuzo estas longaj, solaj promenadoj laŭlonge de la marbordo. Vi povas imagi, kiel mi pasigas mian tempon. Sed mi sentas min ekstreme feliĉa, komforta kaj kontenta" (Corr 103).

La studoj probable ĉefe temis pri tio, kion li bezonis por finverki *Wealth of Nations*. Ankaŭ parto de lia korespondado la sekvontajn jarojn temis pri tio. La skribado tamen progresis malrapide, kaj en letero al Lordo Shelburne la 27-an de januaro 1768 li skribas, ke li okupiĝas pri tio, kion li intencis sed ne progresas kiel atendite. Tial li decidis resti en Kirkcaldy ĝis novembro aŭ post Kristnasko. Printempe 1769 li interŝanĝas plurajn leterojn kun Lordo Hailes pri prezstatistiko.

Hume jam transloĝiĝis al Edinburgo kaj insistis en aŭgusto, ke Smith vizitu lin dum kelkaj tagoj:

"Mi volas scii, kion vi faris, kaj volus havi rigoran priskribon de la maniero, en kiu vi okupis vin dum via retiriĝo. Mi estas konvinkita, ke vi eraras en multaj el viaj spekulativoj, precipe kiam vi malfeliĉe diferencas de mi" (Corr 121).

La jaroj pasas sen fino de la libro. Septembre 1772 Smith skribas al William Pulteney kaj pretekstas kaj "publikajn katastrofojn" kaj "malbonan sanon pro manko de amuzo kaj pro tro multa cerbumado pri unu afero". La publikigo tial estos malfruigita per "kelkaj monatoj" (Corr 132). Ankaŭ Hume volas, ke la libro estu preta, kaj la 23-an de novembro 1772 li skribas el Edinburgo al Smith:

"Venu ĉi tien kaj restu kelkajn semajnojn ĉirkaŭ Kristnasko; diboĉetu iomete; reiru al Kirkcaldy; finu vian verkon antaŭ la aŭtuno; iru al Londono; presigu ĝin; revenu kaj loĝigu vin en tiu ĉi urbo, kiu konvenas al via diligenta, sendependa karaktero eĉ pli bone ol Londono" (Corr 134).

Printempe 1773 la manuskripto ŝajne estis preskaŭ preta, kaj Smith estis ironta al Londono. Sed nun lin trafis timo, ke li mortos, kaj li skribis la 16-an de aprilo al Hume, kiun li nomumis sia literatura ekzekuciisto:

"Ĉar mi lasis la zorgon de ĉiuj miaj literaturaj paperoj al vi, mi devas diri al vi, ke escepte de tiuj, kiujn mi kunportos [la manuskripton de *Wealth of Nations*], neniu meritas publikigon krom fragmento de granda verko, kiu entenas historion de la astronomiaj sistemoj, kiuj estis sinsekve laŭmodaj ĝis la tempo de Descartes... Ĉiujn aliajn lozajn paperojn, kiujn vi trovos ... mi deziras, ke vi detruu sen ekzameno. Se mi ne tre subite mortos, mi prizorgos, ke la

paperoj, kiujn mi kunportos estu zorgeme senditaj al vi"
(Corr 137).

En majo 1773 Smith estas en Londono. Ŝajnas ke spite de siaj
sanproblemoj li konsideris fari novan vojaĝon kiel guvernisto,
ĉi-foje kun iu Hamilton, sed Smith rezignis post deadmono de
la duko de Buccleuch. Aliaĵoj prokastis la publikigon de *Wealth
of Nations*, sed estas malfacile diri kiom diversaj aferoj signifis.
Daŭranta bankokrizo kaj konjunktura regreso en Skotlando
okupis lian intereson. Li fariĝis membro de *Royal Society* kaj
alia klubo en Londono, kio ŝtelis iom da tempo. La okazaĵoj
en Norda Ameriko engaĝis lin, kaj la politikaj kaj ekonomiaj
rilatoj al la amerikaj kolonioj estas detale diskutataj en *Wealth of
Nations*. Certe estis alloge transatendi la evoluon, kiu rezultigis
la nordamerikan deklaracion pri sendependeco la 4-an de julio
1776, kelkajn monatojn post la publikigo de *Wealth of Nations*.
Hume skribis malpacience al Smith la 8-an de februaro: "Se vi
atendos ĝis la sorto de Ameriko estos decidita, vi povos atendi
longe" (Corr 149).

La 9-an de marto 1776 la unua eldono de la libro publikiĝis
en 500 ekzempleroj kaj du volumoj kun la plena titolo *An Inquiry
into the Nature and Causes of the Wealth of Nations*, ofte malongigita
Wealth of Nations (riĉeco de nacioj).

Ĉapitro 5. *La riĉeco de nacioj*

La brita ekonomikisto Lionel Robbins iam skribis, ke en multaj prezentadoj de de la klasikaj ekonomikistoj,

"ilia loko estas transprenita de aro da mitologiaj figuroj, kiuj havas la samajn nomojn, sed kiuj ne malofte estas ekipitaj per sintenoj, kiuj estas preskaŭ ekzakte kontraŭaj al tiuj, kiujn la originaloj adoptis. Tiuj marionetoj vere estas tre malicaj estaĵoj. Ili estas iloj aŭ lakeoj de kapitalistaj ekspluatantoj… Ili estas nelacigeblaj oponantoj de sociala reformo. Ili ne povas imagi alian taskon por la ŝtato ol tiun de noktogardisto. Ili 'defendas' salajrojn je la minimuma ekzistadnivelo kaj estas tute indiferentaj antaŭ la bonfarto de la laboristaj klasoj" (Robbins 5).

Kiel aŭtoro de *Wealth of Nations* kun la epiteto patro de ekonomiko, Smith verŝajne estas tiu klasikulo, al kiu plej ofte tiaj kulpoj estas imputitaj. Sed tiu, kiu eklegas *Wealth of Nations*, faros interesajn malkovrojn: La kapitalista klaso estas prezentita kiel ne tre simpatia, dum laboristoj kaj etbienuloj ricevas plenan kunsenton de Smith. La principo de *laissez faire* (lasu fari) havas tiom da esceptoj, ke apenaŭ estas ĝuste nomi Smith *laissez-faire-*ekonomikisto. La nevidebla mano tute ne aperas kiel panaceo por la direktado de la ekonomio.

En tiu ĉi ĉapitro pri kelkaj ĉefaj punktoj en *Wealth of Nations*, ni penos akiri ĝustan bildon de la ideo de Smith pri la merkato kaj ties loko en la socio. Ni ankaŭ diros iom pri la ricevo de liaj ekonomikaj ideoj.

La ecoj de la homo

En la verkaro de Smith estas profundaj diskutoj pri la ecoj de la homo. Ni renkontis kelkajn en *Theory of Moral Sentiments* sed nun koncentriĝas sur la homon en *Wealth of Nations*. La denaskaj ecoj estas fundamente gravaj por la opinio de Smith pri la funkciado de la ekonomio. Per edukado tiuj ecoj povas esti iom modifitaj, sed ĉefe oni devas akcepti ilin en ilia jam donita formo.

Kiuj do estas tiuj homaj ecoj? Unue la homo *penas por sia propra plejbono*. Tiu eco povas antaŭenigi la socion, eĉ se la institucia kadro ne estas ideala. Ĝi gravas eĉ pli ol plenaj libereco kaj justeco. Tio estas ilustrita de la rimarkoj de Smith pri Quesnay. Kvankam Smith en *Wealth of Nations* priskribas Quesnay kiel "tre inĝenian kaj profundan", li kritikas, ke tiu pensas, ke la "politika korpo", t.e. la ŝtato, povus "flori kaj prosperi nur sub certa preciza reĝimo, la ekzakta reĝimo de perfekta libereco kaj perfekta justeco" (IV.ix.28). Quesnay maltrafis gravan punkton:

"Li ŝajne ne konsideris, ke en la politika korpo, la natura penado, kiun ĉiu homo daŭre faras por plibonigi sian propran staton, estas vivprincipo kapabla malebligi kaj korekti, en multaj okazoj, la malbonajn efikojn de politiko, kiu iagrade estas kaj partia kaj opresa. Tia politiko, kvankam ĝi sendube pli malpli malfruigas, ne ĉiam kapablas tute haltigi la naturan progreson de nacio al riĉeco kaj prospero, kaj eĉ malpli kaŭzi malprogreson" (IV.ix.28).

Smith bone sciis, ke troviĝas esceptoj de la regulo ke la homo strebas al sia plejbono. Li diskutas misuzadon de alkoholaĵoj, la tro grandajn aĉetojn ĉe la viandvendisto de la manĝegemulo, kaj la troajn elspezojn por vestaĵoj de la dando. La malŝparulo, kiu cedas al "la pasio al nuna ĝojo" estas kritikata (II.iii.28). Tiu, kiu subiĝas sub modajn kapricojn, ankaŭ estas bedaŭrinda, sed feliĉe "tia stulteco pro naturaj kaŭzoj" povus etendiĝi nur al malmultaj homoj (VI.ii.41).

Ĉu la normala homo laŭ Smith havas pli da ecoj ol penadon por sia propra plejbono? Parenca eco estas *"la inklino marĉandi kaj interŝanĝi unu aferon kontraŭ alia"* (I.ii.1). Komerco estas io, kio diferencigas la homon de la bestoj: "Neniu iam vidis hundon fari justan kaj intencan interŝanĝon de unu osto kontraŭ alia kun alia hundo" (I.ii.2).

Ni konstatis en ĉapitro 2, ke en *Theory of Moral Sentiments* ne nur la egoismo estas homa eco sed ankaŭ la *kunsento* kun aliuloj kaj zorgo pri ilia sorto. La kunsento estas malmulte atentata en *Wealth of Nations,* sed ĝi ne estas tute forgesita. La diferenco inter la du libroj koncerne la traktadon de egoismo kaj kunsento estas debatita kiel "la Adam-Smith-problemo", sed kelkiuj malagnoskis ĝian ekziston.

Krom la inklinoj de la homo, troviĝas alia grava baza fakto: *Malsamaj homoj origine estis similaj:* "La diferenco inter la plej malsimilaj personoj, ekzemple inter filozofo kaj ordinara stratportisto, verŝajne ne tiom originas el la naturo, kiom el la moroj, kutimoj kaj edukado" (I.ii.4). Sed la emo interŝanĝi kaj negoci kaŭzas specialistiĝon, kio lokas homojn en malsamajn fakojn, kio pligrandigas la originajn malgrandajn diferencojn.

La divido de la laboro – ne nur bonefekta

Tiel ni venas al la divido de la laboro. Multaj aŭtoroj opinias, ke ĝi estas la kerna elemento en *Wealth of Nations.* Pri tio temas la tri unuaj ĉapitroj en la libro, kaj la enkonduka ekzemplo de Smith pri la specialistiĝo de la taskoj en pinglofabrikado estas konata:

"Unu viro eltiras la metalfadenon, alia streĉas ĝin, tria tondas ĝin, kvara pintigas ĝin, kvina ŝlifas la supron por ricevi la kapon; fari la kapon postulas du aŭ tri apartajn operaciojn; fiksi ĝin estas propra profesio, blankigi la pinglojn estas alia, eĉ estas aparta metio meti la pinglojn en la paperon; kaj la grava afero fari pinglon estas tiele dividita en proksimume dek ok apartaj operacioj" (I.i.3).

La divido de la laboro sekvigis pli grandan produktadon kaj en bone regata socio rezultigis "tiun universalan riĉecon, kiu etendiĝas ĝis la plej malaltaj rangoj de la popolo" (I.i.10). Per komerco kaj plivastigo de la merkatoj, la gajno de specialigo povas esti granda. La efiko de la divido de la laboro estas priskribita per pozitivaj vortoj.

En la fino de *Wealth of Nations* estas tute alia kaj pli malfavora bildo de la divido de la laboro. Tiu bildo diferencas tiom multe de la kutima ideo pri la unuflanke pozitiva opinio de Smith, ke estas motivite citi lian rezonadon, kvankam la citaĵo estos longa:

"Dum la evoluo de la divido de la laboro, la taskoj de la pli granda parto de tiuj, kiuj vivas de sia laboro, t.e. la plimulto de la popolo, reduktiĝas al kelkaj tre simplaj manovroj, ofte unu aŭ du. Sed la komprenado de la pli-multo de la homoj necese estas formita de ilia ordinara okupo. Tiu, kiu pasigas la tutan vivon farante nur kelkajn simplajn manovrojn, kies efiko ankaŭ eble estas ĉiam la sama, aŭ preskaŭ la sama, ne havas okazon uzi sian komprenadon aŭ ekzerci sian kapablon trovi rimedojn por forigi malfacilaĵojn, kiuj neniam okazas. Tial li kompre-neble perdas la kutimon de tia penado, kaj ĝenerale far-iĝas tiel stulta kaj senscia kiel eblas por homa estaĵo. La letargio de lia menso igas lin ne nur nekapabla ĝui aŭ partopreni prudentan konversacion, sed nekapabla havi iun ajn grandaniman, noblan aŭ teneran senton, kaj sekve nekapabla akiri ĝustan prijuĝon eĉ koncerne multajn ordinarajn devojn de la privata vivo. Pri la grandaj kaj vastaj interesoj de lia lando, li estas tute nekapabla fari prijuĝon, kaj se ne tre specifaj klopodoj estas faritaj por igi lin alikaraktera, li estas same nekapabla defendi sian landon en milito. La unuformeco de lia stagninta vivo kompreneble koruptas lian kuraĝon, kaj igas lin rigardi kun abomeno la neregulan, necertan kaj aventuran vivon de soldato. Ĝi ruinigas eĉ la viglecon de lia korpo, kaj faras lin nekapabla uzi sian forton kun vigleco kaj persisto en iu ajn alia okupo ol tiu, pri kiu li alkutimiĝis. Lia lerteco pri lia propra specifa okupo ŝajnas, tiele, esti akirita je la kosto de liaj intelektaj, sociaj kaj militaj virtoj. Sed en ĉiu evoluinta kaj civilizita lando, tio estas la stato, en kiun la laborantaj povruloj, t.e. la granda amaso de la popolo, devas necese fali, se la registaro ne klopodas malhelpi ĝin" (V.i.f.50).

La du sekcioj – komence kaj fine de la libro respektive – donas tiel malsaman bildon pri la divido de la laboro, ke oni devas sin demandi, ĉu ili estas akordigeblaj. Mi ne kredas, ke oni necese devas rigardi ilin kiel neakordigeblajn. En la unua okazo Smith limigas sin je la materia flanko, t.e. la efiko de la divido de la laboro sur la produktitan kvanton da varoj. En la dua li atentas la malbonajn efikojn sur la korpan kaj mensan sanstaton de la laboristoj. Entute li do vidis kaj bonajn kaj malbonajn efikojn de la divido de la laboro.

La natura libereco kaj la nevidebla mano

Smith bone konis la pensadon de la filozofoj pri natura juro. Per ĉefe Hugo Grotius kaj Samuel Pufendorf li lernis pri iliaj ideoj. "La natura libereco" kaj similaj esprimoj ĉe Smith atestas pri ilia influo.

Kion Smith celis per natura libereco? Ni ricevas indikon pri tio observante en kia kunteksto iu varianto de tiu esprimo aperas. Ni trovas, ke ĝi povas signifi liberecon elekti kaj ŝanĝi profesion. Ĝi entenas la rajton plue vivi sur tiu loko, kiun oni elektis por sia loĝado. Ĝi signifas liberecon en la enlanda komercado. Ĝi ankaŭ signifas liberecon komerci kun aliaj landoj, sed kelkfoje la leĝoj "faris krimon el tio, pri kio la naturo neniam intencis, ke ĝi estu tia" (V.ii.k.64).

Aliajn ekzemplojn de la natura libereco ni trovas tie, kie Smith opinias, ke ĝi *ne* regu, kvankam ĝi eksplicite estas natura. Estas rompo de la natura libereco limigi la rajton eldoni aŭ akcepti ŝuldatestojn, aŭ devigi domposedanton konstrui fajrorezistan muron. Spite de tio Smith opinias, ke reguligo estas adekvata en tiaj okazoj, ĉar "tiaj uzoj de la natura libereco de kelkaj individuoj, kiaj povus endanĝerigi la sekurecon de la tuta socio, estas kaj devas esti limigitaj per la leĝoj de ĉiuj registaroj" (II.ii.94).

Ni vidas, ke Smith ne estis dogmema pledanto por senlima libereco. Li estis pragmatisto. En tiuj okazoj, kiam la natura libereco damaĝus la tutecon, ĝi devus esti limigita.

En aliaj okazoj la baza regulo estu aplikata, t.e. la natura libereco regu. La karakterizaj trajtoj de la homo – strebi al sia propra plejbono kaj komerci unu kun la alia – tiam efikus por la komuna plejbono, kvankam ĉiu individuo nur priatentus sian propran plejbonon:

"Ne pro la bonfaremo de la buĉisto, la bierfaristo aŭ la bakisto ni atendas nian tagmanĝon, sed pro ilia atento pri sia propra intereso. Ni direktas nin ne al ilia humaneco sed al ilia memamo, kaj neniam parolas al ili pri niaj propraj necesaĵoj sed pri ilia avantaĝo" (I.ii.2).

En tiu ĉi kunteksto estas oportune mencii "la nevideblan manon", kiu aperas en unu loko en *Wealth of Nations*. (Ĝi ja ankaŭ troviĝas en unu loko en *Theory of Moral Sentiments* kaj, kun iom alia signifo, en la eseo pri la historio de la astronomio.) Verŝajne neniu esprimo de Smith estas tiel konata kiel la nevidebla mano, kvankam li mem uzas ĝin nur preterpase. Ni vidu, en kiu kunteksto li uzas ĝin en *Wealth of Nations*:

"Ĉiu individuo klopodas, laŭ sia kapablo, uzi sian kapitalon kaj por subteni enlandan diligentecon, kaj por direkti tiun diligentecon tiel, ke la produkto havu la plej grandan valoron. Tial ĉiu individuo necese laboras por fari la jaran enspezon de la socio tiom granda, kiom li povas. Ĝenerale li fakte ne intencas akceli la publikan intereson, nek scias kiom li akcelas ĝin. Preferante apogi la enlandan diligentecon al la eksterlanda, li celas nur sian propran sekurecon; kaj direktante tiun diligentecon tiel, ke ĝia produkto havu la plej grandan valoron, li celas nur sian propran gajnon, kaj li estas en tiu, same kiel en multaj aliaj okazoj, gvidata per nevidebla mano por favori celon, kiu ne estis parto de lia intenco" (IV.ii.9).

Io, kio kaŭzis embarason, estas ke Smith diras, ke la kapitalisto pro la sekureco preferas enlandan investon. Sandmo (45) rimarkis, ke multaj, kiuj citas la liniojn pri la nevidebla mano ekskludas la frazon pri la propra lando, eble ĉar oni kredas, ke la mallongigo pliklarigas la centran mesaĝon de Smith, aŭ ĉar oni ĉefe volas havi la apogon de Smith por sia propra sinteno.

Se ni volas interpreti Smith singarde, ni simple povus diri, ke kiam ĉiu individuo investas sian kapitalon tiel, ke ĝi donas maksimuman profiton, ĝenerale la enspezo de la tuta socio samtempe maksimumiĝas. La nevidebla mano povus esti rigardata kiel metaforo por la kondiĉoj, kiuj rezultigas tiun konformecon.

La ideo pri konformeco inter strebo al propra gajno kaj socia bono ne estis nova. Ĝi troviĝis ĉe Quesnay, kaj ekzemple la antikva helena episkopo Johano Krizostomo rigardis tiel funkciantan ekonomion kiel parton de dia plano. Sed ne multaj formulis ĝin tiel bone kiel Smith.

La mankoj de la libereco

Laŭ la baza regulo de Smith, la ekonomio do funkcius plej bone, se ĉiu kapitalisto rajtus investi sian kapitalon tie, kie ĝi estas plej profitodona, kaj se ĉiu metiisto, laboristo kaj komercisto povus libere elekti sian aktivecon. Sed tio estas ĝuste baza regulo, kaj Smith montras, ke troviĝas esceptoj kiam ĝi ne donas la plej bonan rezulton. Ni jam vidis, ekzemple, ke la natura libereco devas esti limigita "kiam ĝi povus endanĝerigi la sekurecon de la tuta socio", kaj ni konstatis, ke tiu divido de la laboro, kiu spontanee estiĝas en libera socio, estas ne nur bona. Ĝi ja emas malbone influi la mensan kaj korpan sanstatojn de la laboristoj.

Ankaŭ komercado ne ĉiam estas avantaga por ĉiuj. La malkovro de Ameriko sekvigis komercadon. Preskaŭ ĉiuj eŭropaj varoj estis novaj por Ameriko, kaj multaj amerikaj estis novaj por Eŭropo. La komercado kiu estiĝis devus dum naturaj cirkonstancoj esti same avantaĝa por Ameriko kiel por Eŭropo. Sed "la kruela maljusteco de la eŭropanoj faris okazaĵon, kiu devus esti avantaĝa por ĉiuj, ruiniga kaj detrua por pluraj el tiuj malfeliĉaj landoj" (IV.i.32).

La rolo de la ŝtato

La fundamenta sinteno de Smith estis, ke la ŝtato intervenu malpli en la ekonomian vivon, ol ĝi faris en la tiutempa Britio, kie la merkantilismo estis la gvidanta ekonomia doktrino. Oni trovas tri specojn de argumentoj.

Unue Smith kritikis la merkantilismon kaj kiel doktrinon kaj pro la egoisma maniero, en kiu la komercistoj apogis sin sur ĝi. Ĝi kaŭzis malbone rendimentan lokadon de la produktadfaktoroj, kaj la privilegioj de la korporacioj kaj la koncesiitaj monopoloj favoris nur unuopajn mastrojn kaj komercistojn je la kosto de la plimulto de la popolo. La reguligo de komercado kaj produktado estis altrudita de komercistoj kaj industriistoj, kiuj celis nur sian propran profiton. Smith emfazas, ke "oni ne povas pridubi, ke estis la spirito de monopolo, kiu origine kaj inventis kaj disvastigis ĉi tiun doktrinon". Li diras ankaŭ, ke "la egoisma sofismo de komercistoj kaj manufakturistoj estas tiurilate rekte kontraŭa al la intereso de la grandaj homamasoj" (IV.iii.c.10).

La dua argumento, kiun oni ankoraŭ aŭdas en politikaj debatoj, temas pri la kapablo de la ŝtataj organoj detale reguligi la ekonomion por la bono de la popolo:

"Politikisto, kiu provus direkti privatajn homojn pri tio, kiel ili uzu sian kapitalon, ne nur prenus sur sin la plej malnecesan prizorgon, sed ŝarĝus sin per aŭtoritato, kiu povas esti sendanĝere komisiita nek al unuopa persono nek al kia ajn konsilantaro aŭ senato, kaj kiu nenie estus tiel danĝera kiel en la manoj de viro, kiu estas sufiĉe malsaĝa kaj aroganta por imagi sin kapabla uzi ĝin" (IV. ii.10).

La tria argumento kontraŭ grandskala ŝtata agado estas pli implicita. Smith distingas inter produktiva kaj neproduktiva laboroj. Produktiva laboro konkretiĝas en varo, kiu restos kiam la laboro finiĝis. Industria kaj terkultura laboroj estas bonaj ekzemploj.

Neproduktiva laboro estas la diversaj servoj. Tia laboro malaperas, kiam ĝi estas farita. Kiel tian Smith rigardas la laboron de civilaj kaj militistaj oficistoj, pastroj, juristoj, kuracistoj, aktoroj kaj aliaj. La neproduktivaj, "kiom ajn honorindaj, utilaj aŭ necesaj iliaj servoj estas" (II.iii.2), devas sin vivteni de la produktoj faritaj de la produktivaj laboristoj.

Smith ne estas same postula kiel la fiziokrato Quesnay, kiun li renkontis en Parizo, kiam temas pri la difino de la produktivaj. Kontraŭe, li opinias, ke la ĉefa eraro en la sistemo de Quesnay estas, ke ĝi konsideras "la metiistojn, manufakturistojn kaj komercistojn kiel tute sterilajn kaj neproduktivajn" (VI.ix.29). Smith faras tiom multan penon por kritiki Quesnay, ke oni ricevas la impreson, ke Quesnay pli stimulis la pensadon de Smith ol ŝanĝis ties opinion.

Se la neproduktivaj estus tro multaj, ilia subteno, laŭ Smith, dum unu periodo postulus tiom grandan parton de la produktoj, ke ne estus eble konservi la tutan kapitalon. (Aŭ alivorte, la subteno de la neproduktivaj laboristoj en unu periodo postulus tiom multe, ke malpli da produktivaj laboristoj povus esti subtenataj dum la postaj periodoj.) La produktorezulto malgrandiĝus. Laŭ Smith "grandaj nacioj neniam malriĉiĝas pro privataj, sed kelkfoje ja pro publikaj malŝparemo kaj misadministrado. La tuta, aŭ preskaŭ la tuta, publika enspezo estas en multaj landoj uzata por subteni neproduktivajn manojn" (II.iii.30). La konkludo, ke tio ĉi estas unu kaŭzo por limigi ŝtatan agadon, estas tiel evidenta, ke eble tial Smith lasas al ni mem fari ĝin.

Tio, kion ni diris, ne signifas, ke Smith volis forigi ĉian ŝtatan agadon. La ŝtato havu tri ĉefajn devojn, sed krome ni trovas diversajn aliajn ŝtatintervenojn, kiujn Smith aprezas.

La unua ĉefa devo estas protekti la socion de atakoj de aliaj socioj, t.e. zorgi pri defendo. La dua devo estas zorgi pri interna ordo kaj justico en la lando.

Tiujn du devojn ja havis eĉ pure "noktogardista ŝtato". Sed per la tria devo Smith foriĝas de tia ŝtato. Temas pri

"starigo kaj tenado de tiuj publikaj institucioj, kiuj, kvankam ili povas esti plej avantaĝaj por granda socio, tamen estas de tia naturo, ke la profito neniam povus sufiĉi por repagi la elspezojn al individuo aŭ malgranda nombro da individuoj, kaj pri kiuj oni pro tio ne povas atendi, ke individuo aŭ malgranda nombro da individuoj ilin starigu aŭ tenu" (V.i.c.1).

La tria ŝtata devo inkludas tiajn utilaĵojn kiel ŝoseoj, havenoj, pontoj, kanaloj, poŝto, edukado k.t.p. Kvankam la ŝtato devas garantii, ke ili efektiviĝos, ili ne devas esti financataj komplete per impostoj. Ankaŭ pagoj de la utiligantoj povas esti konsilindaj laŭ Smith.

Krom la tri ĉefajn ŝtatajn devojn, oni trovas dise en la libro diversajn ekzemplojn de ŝtataj intervenoj, kiujn Smith evidente apogas, kaj kiuj plifortigas la imagon pri Smith kiel pragmatisto kaj ne kiel dogmema pledanto por *laissez faire*.

Smith apogis la principon pri libera komerco inter la nacioj, sed eĉ tiu ne estis sankta por li. Ekzistas laŭ li kazoj, kiam oni per doganoj kaj aliaj rimedoj apogu la enlandan produktadon. Tian okazon oni havas, kiam iu branĉo estas necesa por la nacia defendo. La Navigacian Akton — unu el la plej konataj aktoj kontraŭ libera komerco — sekve li karakterizas kiel "eble la plej saĝan el ĉiuj komercaj reguloj en Anglio". Ĝi garantiis, ke troviĝos lertaj britaj maristoj kaj granda ŝiparo, kiuj estas gravaj por la nacia defendo, kaj la "defendo, tamen, estas multe pli grava ol riĉeco" (IV.ii.30).

Alia kazo estas, kiam importkonkurenca industrio estas ŝarĝita per imposto. Tiam estas oportune havi doganon, ĉar ĝi farus, ke la enlanda industrio ne estu malfavorata kompare kun la eksterlanda. Eksportsubvencioj povas esti pravigitaj, se ili estas necesaj por vivteni industrion, kiu estas grava por la defendo de la lando.

Troviĝas ankaŭ aliaj ekzemploj de ŝtataj intervenoj en la ekonomion, kiujn Smith apogas. Leĝa maksimumo de prunta interezo povas konveni por malhelpi uzuron. Li ŝatas leĝon, kiu devigis anglajn koloniistojn ene de certa tempospaco kulturi parton de sia tero. Li proponas ke tiu, kiu volas memstare praktiki profesion aŭ okupi publikan postenon, devu trapasi pridemandadon aŭ ekzamenon. Tio instigus pli da homoj akiri bazan edukadon.

Estas tiom da postuloj pri ŝtata interveno en la ekonomion, ke estas malfacile rigardi Smith kiel *laissez-faire*-ekonomikiston.

La simpatioj de Smith

Ni konstatis, ke koncerne la liberecon de la individuo same kiel la rolon de la ŝtato, Smith pledas por ĉefa principo, de kiu li ne hezitas devii en pluraj okazoj. Eble tio povus esti interpretata kiel iom da ŝanceliĝo. Ŝanceliĝo tamen ne estas trovebla, kiam temas pri tio, por kiuj grupoj en la socio li havas siajn simpatiojn. Klare estas por la malgranduloj, la senhavaj, kion ni povus rimarki jam en *Theory of Moral Sentiments*. En *Wealth of Nations* liaj simpatioj estas dokumentitaj en pluraj lokoj, el kiuj ni povas elekti kelkajn:

La laboristoj en la tempo de Smith ne rajtis fondi sindikaton. Por la mastroj ne estis simila malpermeso. Kaj eĉ se la mastroj ne formale kuniĝus, ili havis "silentan, sed konstantan kaj unuecan interkonsenton ne altigi la salajrojn", aŭ eĉ malaltigi ilin (I.viii.13). La indigno estas evidenta, kiam Smith priskribas la neegalajn kondiĉojn en la rilatoj inter laboristoj kaj mastroj.

La simpatioj por la laboristoj evidentiĝas ankaŭ – ne malplej pro la kolorriĉa lingvo – sur kelkaj paĝoj, kie Smith diskutas la konsekvencojn de altaj salajroj. Oni ne plendu pro altaj salajroj: "Plendi pri ili signifas lamenti pri la necesa efiko de, kaj kaŭzo de, la plej granda publika prospero" (I.viii.42). Krome, "la salajroj estas instigo al diligenteco, kiu, same kiel ĉiu alia homa kvalito, pliboniĝas proporcie al la instigo, kiun ĝi ricevas" (I.viii.44). Altaj salajroj do ne kaŭzas maldiligentecon, kiel kelkaj diras.

La inklino ripozi tri tagojn en la semajno, se oni dum kvar perlaboras sufiĉe por vivteni sin, dependas de trostreĉo dum la kvar tagoj. "Se la mastroj ĉiam aŭskultus la diktadon de la racio kaj humaneco, ili ofte havus kaŭzon moderigi anstataŭ instigi la diligenton de multaj el iliaj laboristoj" (I.viii.44). Sekve, Smith vidas riskojn en popeca laboro. Ĝi faras la laboristojn "tre emaj trostreĉiĝi kaj ruinigi siajn sanon kaj korpan konstitucion en malmultaj jaroj" (I.viii.44).

Smith revenas al altaj salajroj en la ĉapitro pri kapitalprofito. La ĉapitro finiĝas per la sekvonta konstato:

"Niaj komercistoj kaj fabrikmastroj multe plendas pri la malbonaj efikoj de altaj salajroj, kiuj altigas la prezojn kaj tiel malgrandigas la vendadon de iliaj varoj kaj hejme kaj eksterlande. Ili diras nenion koncerne la malbonajn efikojn de altaj profitoj. Ili silentas pri la detruaj efikoj de iliaj propraj gajnoj. Ili plendas nur pri tiuj de aliaj homoj" (I.ix.24).

Simila atako troviĝas i.a. en sekcio pri la salajra politiko, kie ni ankaŭ ekscias, ke se parlamento reguligas salajrojn avantaĝe al la laboristoj, "tio ĉiam estas justa", dum reguligo avantaĝe al la mastroj ne ĉiam estas justa, ĉar la konsilantoj de la parlamento "ĉiam estas la mastroj" (I.x.c.61). Pro tiuj kaj pluraj aliaj mallaŭdaj eldiroj ni eble povus diri, ke Smith pli aprezis la kapitalismon – almenaŭ en malgranda skalo – ol la kapitalistojn.

La teorio pri la valoro

Ni nun traktis la ĝeneralajn trajtojn de la ekonomio laŭ Smith. Sed li ankaŭ analizis specialajn teoriajn problemojn kiel la formadon de valoro kaj prezo.

Smith prezentas distingon, kiun ni trovas jam ĉe Aristotelo, sed kiu estas forlasita en la moderna prezoteorio. Temas pri la distingo inter *uzvaloro* kaj *interŝanĝvaloro*. La uzvaloro "esprimas la utilon de certa objekto", dum la interŝanĝvaloro de iu objekto estas "la kapablo aĉeti aliajn varojn, kiun la posedo de tiu objekto donas" (I.iv.13).

Smith uzas pli da peno por klarigi la interŝanĝvaloron, t.e. la prezon, ol la uzvaloron. Ni povas distingi inter almenaŭ tri teorioj. Unue Smith havas krudan *laborvalorteorion*, kiun en la 19-a jarcento pluen evoluigis David Ricardo kaj Karl Marx:

"Se en ĉasista nacio, ekzemple, duoble pli da laboro ĝenerale estas necesa por mortigi kastoron ol por mortigi cervon, unu kastoro evidente devus esti interŝanĝata kontraŭ du cervoj. Estas nature, ke tio, kio ĝenerale estas la produkto de du tagoj aŭ du horoj da laboro, valoras duoble pli ol tio, kio ĝenerale estas la produkto de unu tago aŭ unu horo da laboro" (I.vi.1).

La prezoj do en la baza okazo estas proporciaj al la kvanto da laboro en la produktado. Sed se la laboro estas malsame peza aŭ postulas pli da kompetenteco en unu okazo ol en alia, tio ankaŭ gravas, Smith pensas.

La kruda laborvalorteorio, t.e. la ideo ke rilato inter labor-kvantoj speguliĝas en la rilato inter la prezoj, laŭ Smith estas valida "dum la frua kaj kruda socia stato, kiu antaŭas kaj la akumuladon de kapitalo kaj la proprigon de tero" (I.vi.1). En pli progresintaj socioj — kie maŝinoj kaj alispecaj realkapitaloj estas uzataj en la produktado, kaj kie la tero estas posedata de iu — la prezoformado estas pli komplika. En tiu ĉi kazo ni trovas, due, pli ĝeneralan prezoteorion bazitan sur la *produktadkostoj*. La laboristo tiam ne ricevas la tutan produktorezulton. Parton de la produktorezulto ricevas la posedanto de la realkapitalo uzita en la produktado. Parton ricevas la terposedanto: "Kiam ĉiuspeca tero en iu lando fariĝis privata posedaĵo, la terposedantoj, same kiel ĉiuj aliaj homoj, amas rikolti, kie ili neniam semis, kaj postulas renton eĉ por la natura produkto de la tero" (I.vi.8). La laboristo, la kapitalisto kaj la terposedanto estis en la mondo de Smith malsamaj personoj. Smith ripetas diversmaniere, ke salajroj, rentoj kaj profitoj konsistigas la prezon de ĉiu varo.

Trie, troviĝas ĉe Smith aldona teorio pri *prezoj determinitaj de proponado kaj postulado*. La elirpunkto estas, ke troviĝas natura prezo, kiu regas, kiam la niveloj de salajroj, profitoj kaj rentoj estas "normalaj". Estas averaĝa prezo, al kiu la merkata prezo strebas. Okaza fluktuado de proponado kaj postulado tamen igas la merkatan prezon varii ĉirkaŭ la naturan prezon.

Tiel ankaŭ la flanko de la konsumanto aŭ de la postulado iom eniras la teorion pri la valoro ĉe Smith. Sed estas la flanko de la produktado, kiu superregas en la teorio pri la valoro ĉe Smith kaj la klasikuloj. Kun la unuaj neoklasikuloj en la fino de la 19-a jarcento, la superrego estos inversa.

La disdivido de la produktorezulto

Kelkfoje oni kritikis Smith dirante, ke li ne bone klarigis, kiel la nivelo de salajroj, profitoj kaj grundrentoj determiniĝas, kaj kiel la totala produktorezulto estas dividita je tiuj specoj de enspezoj. Tamen, klarigoj ne tute mankas.

La nivelo de la *salajroj* laŭ Smith dependas ĉefe de la prospero de la socio kaj de la grandeco de la kapitalo. Ĝi kreskas ankaŭ kun la malagrableco de la laboro, kun la malfacilo lerni la profesion, kun la malstabileco de la laboro, kun la konfido kiu necesas al tiu kiu praktikas la profesion, kaj kun la risko pri malsukceso en la profesio.

La averaĝa *profito* kreskas kun ties necerteco kaj malkreskas se la kapitalo kreskas. Ĉi tie ni trovas aludon pri la ideo pri malkreskanta marĝena rento de unu produktofaktoro, kio ĉe postaj aŭtoroj ludas tre grandan rolon.

La *renton,* t.e. la farmopagon por tero, Smith vidas kaj kiel monopolprezon deciditan de la terposedanto, kaj kiel reziduon kiam salajroj kaj kapitalprofitoj estas jam pagitaj. La analizo de Smith pri grundrento ne estas klara kaj konvinka.

La akcepto de la libro

La libro publikiĝis la 9-an de marto 1776. David Hume la 1-an de aprilo jam legis almenaŭ parton de ĝi, ĉar tiam li donas prijuĝon en letero al Smith:

"Mi estas tre kontenta pri via verko, kaj la legado de ĝi forprenis min el stato de granda maltrankvileco. Ĝi estis verko tiom multe atendita, de vi mem, de viaj amikoj, kaj de la publiko, ke mi tremis antaŭ ĝia apero; sed nun mi estas tre trankvila. La legado necese postulas tiom da atento, kaj la publiko emas doni tiel malmulte, ke mi dubas, ke la libro komence estos tre populara. Sed ĝi havas profundon kaj solidecon kaj sagacon kaj estas ilustrita per tiom multaj precizaj faktoj, ke fine ĝi altiros la publikan atenton. Ĝi probable multe pliboniĝis per via lasta restado en Londono" (Corr 150).

La laŭdo ne malhelpis Hume kritiki detalojn pri la prezformado kaj la monstampimposto. En la maniero de intelektaj amikoj, Hume esperas baldaŭ diskuti kun Smith pri "tiuj kaj cent aliaj punktoj".

Same kiel pluraj aliaj fruaj legantoj, Hume trovis la libron ne facila. La timo, ke ĝi tial ne rapide estos vendata, tamen estis senbaza. La unua eldono estis elvendita post ses monatoj, kaj la dua eldono kun nur malmultaj korektoj estis publikigita frue en 1778. La tria eldono en 1784 entenis kelkajn novskribitajn aldonojn, sed la kvara en 1786 kaj la kvina en 1789 havis nur etajn ŝanĝojn. Ĝis 1790, la mortojaro de Smith, ankaŭ franca, germana, dana kaj itala eldonoj estis publikigitaj. Kvankam la libro rapide vendiĝis, daŭris sufiĉe longe antaŭ ol ĝi havis politikan influon. Kirk Villis atentigis, ke pluraj homoj miris, ke daŭris preskaŭ ok jarojn, antaŭ ol la libro estis menciita en debato en la brita parlamento. Sed iom post iom ĝi vekis atenton de gvidaj politikistoj.

Lordo Shelburne kaj William Pitt apartenas al tiuj, kiuj deklaris, ke ili estis influitaj de la ideoj de Smith. Sed nur en la 19-a jarcento Smith ricevis vastan apogon en praktika ekonomia politiko. Liaj ideoj estis revoluciaj rilate al la regantaj merkantilismaj doktrinoj, kaj daŭras antaŭ ol novaj ideoj akiras renomon inter la publiko, kaj poste antaŭ ol ili transformiĝas en praktikan politikon.

Smith tradicie estas rigardata kiel la unua en la klasika ekonomika skolo, kio ne malhelpis, ke oni samtempe asertis, ke liaj fundamentaj ideoj troviĝis jam ĉe pli fruaj aŭtoroj. Lia esenca kontribuo tiam konsistus el tio, ke li kompetente kompilis tiujn ideojn en *Wealth of Nations*. Eĉ se estus tiel, oni ne povas forpreni de Smith lian grandan signifon por la posteuloj de la klasika skolo, kiu daŭris proksimume cent jarojn. Aliloke ni pli detale pritraktis tiujn ekonomikistojn, kiuj pravigas la eldiron, ke "Smith fariĝis skolkreanto" (Sandelin, Wundrak kaj Trautwein 45).

En *Principles of Political Economy and Taxation* (1817), David Ricardo ofte reiras al Smith, kaj la teorio pri la valoro ĉe Marx estis evoluigo de la principoj de Smith kaj Ricardo. Ankaŭ el nuntempa teorio iras radikfadenoj malantaŭen al Smith. La maniero de Smith rigardi ĉion kiel interligitan en sistemo, kie "la nevidebla mano" estis metaforo de stirilo por bona rezulto, havas ekvivalenton en la nuna teorio pri ĝenerala ekvilibro.

Kiel politika potenco Smith kun *Wealth of Nations* fariĝis parto de la fundamento de la ekonomia liberalismo. Tiu liberalismo penetris praktikan politikon en multaj landoj meze de la 19-ajarcento, i.a en la formo de pli libera internacia komerco. Smith daŭre estas citata kiel pledanto de ekonomia liberalismo, ofte en pli alta grado ol kiom estas juste.

Ĉapitro 6. *La doganisto*

La vivo de Smith ŝanĝiĝis post la publikigo de *Wealth of Nations*. En majo 1776 li transloĝiĝis reen al sia patrino en Kirkcaldy. Li ne reiris al la universitato sed ricevis altan postenon ĉe la skota dogano. Tio eble aspektas kiel ironio de la sorto por tiu, kiu kutime estas rigardata kiel apostolo de libera komerco. La sekvontajn jarojn li okupiĝis pri dogana laboro, aktualigo de siaj libroj kaj la morto kaj malsanoj de li mem kaj liaj proksimuloj.

Hume mortas, Smith pensas pri familio

En 1776 Smith multe pensis pri David Hume, kiu iom post iom malfortiĝis. La korespondado inter ili temis i.a. pri la manuskripto de *Dialogues concerning natural religion* de Hume, kaj kiel pritrakti ĝin post la morto de Hume. Smith promesis prizorgi tiun manuskripton kaj la novajn eldonojn de la ceteraj verkoj de Hume, "kaj zorgi, ke ili estu publikigitaj ekzakte laŭ viaj lastaj korektoj" (Corr 166). Poste montriĝis ke li prefere ne volis okupiĝi pri *Dialogues*. La ĉefa kaŭzo evidente estis, ke Hume provokis la religion, kaj ke Smith tial ne volis riski fariĝi tro asociita kun Hume.

La 23-an de aŭgusto 1776 Hume estis tiel malforta, ke li ne povis ellitiĝi kaj devis preni helpon de "la mano de mia nevo" por skribi leteron al Smith. Li konstatas: "Mi forvelkas tre rapide, kaj la pasintan nokton mi havis iom da febro, kiu, mi esperis, povus plirapidigi la finon de tiu ĉi teda malsano, sed malfeliĉe ĝi grandparte malaperis" (Corr 168). Du tagojn poste li mortis.

En januaro 1777 Smith ree estis en Londono, i.a. por kontroli la presadon de la dua eldono de *Wealth of Nations*. Li nun estis 53-jara kaj ankoraŭ needziĝinta, sed evidente ne perdis la esperon formi propran familion. En letero al Lordo Stanhope la 8-an de majo, li humile petas ricevi iun originalan leteron per la motivo ne nur montri ĝin al kelkaj amikoj, sed ankaŭ "heredigi ĝin al miaj familio kaj posteuloj, se iam Dio bonvolus doni iun al mi" (Corr App E l). La lastenomita ne okazis. Smith laŭdire kiel junulo enamiĝis al virino, sed ne estis geedziĝo. Nek enamiĝo al angla virino, kiun Smith renkontis en Francio, rezultis en geedzeco. Smith restis fraŭlo.

La dogankomisaro

Smiith nun emis okupiĝi pri io nova, kaj komence de 1778 li estis nomumita dogankomisaro por Skotlando. Li estis unu el kvin kun tiu titolo. Kunlige kun tio li transloĝiĝis al Edinburgo kun sia patrino kaj sia dommastranta kuzino. Lia ekonomia situacio estis bona: kune kun la porviva rento de Buccleugh li ricevis 900 pundojn jare, kio egalis proksimume trioblan bonan profesoran salajron. Pro la doganaj taskoj li estis "okupata kvar tagojn ĉiusemajne en la doganejo, dum kiuj estas maleble sidiĝi serioze kun io alia" (Corr 208). Ankaŭ dum la ceteraj tri tagoj li ofte interrompiĝis de io, kio koncernis la doganon.

Smith estis fervora doganisto, kiu skrupule klopodis obei la regantajn regulojn. Sed kelkfoje li havis ideojn pri plibonigoj. En letero en 1780 li argumentas, ke moderaj doganoj estas pli favoraj por la enspezoj de la ŝtato ol malpermeso importi. Prohibicio ne malebligas importon. La kontrabandaĵoj venas en la merkaton, kaj la homoj ne konscias, ke ili aĉetas malpermesitajn varojn. Kelkan tempon post lia enoficiĝo kiel dogankomisaro, li vidis liston pri malpermesitaj varoj kaj surpriziĝis, kiam li poste inspektis siajn proprajn vestaĵojn: "Mi apenaŭ havis koltukon, kravaton, paron de puntaj manumoj, aŭ poŝtukon, kiujn ne estis malpermesite porti aŭ uzi en Britio. Mi volis starigi avertan ekzemplon kaj forbruligis ĉiujn" (Corr 203).

La laboro estis varia, kvankam multaj taskoj estis rutinaj. La malaltaj doganoficistoj, kiuj rekte enkasigis la doganojn kaj kontrolis la fluon de varoj, devis esti kontrolataj. Ŝipoj estis inspektataj. Varoj estis konfiskataj kaj detruataj aŭ vendataj. Akuzoj estis preparataj.

Kontrabandado estis la plej granda problemo, precipe kiam koruptita doganisto estis subaĉetita de la kontrabandistoj. La dogankomisaroj funkciis en la praktiko kaj kiel iaj administraj juĝistoj, kaj kiel importpolicistoj. Smith respektis la kondiĉojn de la ofico, sed en *Wealth of Nations* li ja klarigis, ke la naturo ne rigardis importon de varoj kiel krimon.

Smith malofte forestis de la doganaj kunsidoj. Ĝi okazis unuafoje la 19-an de marto 1782, kiam li komencis kvarmonatan restadon en Londono. Dum tiuj monatoj li reviziis *Wealth of Nations* por la tria eldono. Li ankaŭ ĉeestis kunvenojn de literaturaj societoj. Dum la restantaj jaroj de lia vivo, li skribis malmulte kompare kun la jaroj, kiam la libroj estis verkataj.

Smith perdas sian patrinon kaj malsaniĝas

La 23-an de marto 1784 la patrino de Smith mortis en sia naŭdeka vivojaro. Estis dolora bato por li, kaj ĝi estis "la fina separiĝo de persono, kiu certe amis min pli ol iu alia persono iam amis aŭ iam amos min, kaj kiun mi certe amis kaj respektis pli ol mi iam amos aŭ respektos iun alian personon" (Corr 237).

Smith faris sian lastan viziton en Londono en 1787. Tie li estis interalie kuracata pro prostatito kaj operaciata pro hemoroidoj. Lia ĝenerala sanstato estis malforta, kaj en marto 1788 li plendas, ke tio kune kun la dogana laboro malfaciligis liajn studojn. Tial li havigis al si permeson foresti de la dogano dum kvar monatoj por revizii *Theory of Moral Sentiments*. Li ne sciis, kio okazos poste. "Ĉar mi konsideras la daŭron de mia vivo ekstreme nesekura, kaj mi estas tre malcerta, ĉu mi vivos sufiĉe longe por fini plurajn aliajn verkojn, kiujn mi planis, kaj en kiuj mi faris kelkan progreson, mi kredas ke estus plej bone lasi tiujn, kiujn mi jam publikigis en la plej bona kaj plej perfekta stato malantaŭ mi", li skribis al sia eldonisto. Li ankaŭ plendas, ke li estas "tre malrapida laboristo, kiu reskribas ĉion almenaŭ ses fojojn", antaŭ ol li estas sufiĉe kontenta (Corr 276).

En septembro 1788 Smith rakontas pri alia granda aflikto. Lia kuzino Janet Douglas, kiu dum multaj jaroj mastrumis lian hejmon, estas mortanta. "Ŝi forlasos min kiel unu el la plej senrimedajn kaj senpovajn virojn en Skotlando" (Corr App E p).

Spite de ĉio, dum la lastaj jaroj Smith havis intelekte stimulan vivon kun vizitantoj de diversaj lokoj, kiuj volis renkonti la faman filozofon. Unu tian viziton li ricevis la 15-an de julio 1789 de la juna poeto Samuel Rogers, kiu laŭ la kutimo de la periodo kunportis kelkajn leterojn de referenco. La unua interparolo – Rogers revenis plurfoje la sekvontajn tagojn – ŝajne grandparte temis pri trivialaĵoj.

Smith sidis sola kaj matenmanĝis kun telero da fragoj antaŭ si, kiam Rogers eniris. Li deklaris, ke fragoj estas lia preferata manĝaĵo tiusezone, kaj ke ili estas bonaj en Skotlando, ĉar fragoj estas norda bero, kaj plej bonaj ili estas sur la Orkadoj kaj en Svedio. Poste la interparolo tuŝis Edinburgon, la skotan agrikulturon, la rifuzon de la registaro vendi grenon al Francio, kion Smith kondamnis, domkonstruadon en Edinburgo kaj Parizo, kaj la politikiston kaj statistikiston John Sinclair, kiun Smith parte priparolis malestimige, sed li aldiris, ke li ne konas iun, kiu traktis aferojn serioze, sed spite de tio ne atingis ion, fine.

En januaro 1790 Smith plendas pri plifortiĝantaj tremoj de la mano, kio malfaciligis skribadon. Alie estis stomaka problemo, konstipo, kiu daŭre turmentis lin. En februaro li starigis sian testamenton kaj klarigis al gasto, kiu esperis vidi lin denove post unu jaro, ke "la maŝino disfalas, kaj mi estos apenaŭ pli bona ol mumio" (Ross 403).

Liaj fortoj alterne venas kaj foriras, kaj la 25-an de majo li surprize skribas, ke li planis vojaĝi al Londono. "Sed mia progreso al resaniĝo estas tre malrapida, kaj tiel ofte interrompita de violentaj recidivoj, ke la probableco ke mi kapablos fari tiun vojaĝon fariĝas ĉiun tagon pli dubinda" (Corr 295).

Kiam li sentis, ke la fino estas proksima, li insistis, ke liaj nefinitaj manuskriptoj estu detruitaj. Li ne kapablis fari tion mem, sed la 11-an de julio li persvadis siajn amikojn kaj kuracistojn Joseph Black kaj James Hutton forbruligi ilin, escepte de "La historio de astronomio" kaj kelkaj aliaj pecoj, kiuj nun estas publikigitaj en *Essays on Philosophical Subjects*. Li ne konsideris ilin sufiĉe prilaboritaj.

Adam Smith mortis, 67-jara, je la noktomezo sabate la 17-an de julio 1790 en la ĉeesto de Black kaj Hutton. Sed liaj verkoj pluvivis.

Fontoj

Bentham, Jeremy ([1776] 1891), *A Fragment on Government.* Clarendon Press Oxford.

Christiansen, Morten H. kaj Simon Kirby (2003), "Language evolution: consensus and controversies." *Trends in Cognitive Sciences*, vol. 7, n-ro 7, p. 300–307.

Eltis, Walter (2004), "Emma Rothschild on economic sentiments: and the true Adam Smith." *European Journal of the History of Economic Thought*, vol. 11, n-ro 1, p. 147–159.

Hutcheson, Francis ([1725] 1729), *An Inquiry into the Original of our Ideas of Beauty and Virtue; in two Theses.* 3-a eld. London.

McCloskey, Deirdre (2008), "Adam Smith, the Last of the Former Virtue Ethicists", *History of Political Economy*, vol. 40, n-ro 1, p. 43–71.

The New Palgrave: a dictionary of economics (1987). MacMillan. (Artikolo pri Bentham de Harrison, pri Hutcheson de Skinner, pri Smith de Skinner.)

Rae, John (1895), *Life of Adam Smith.* London, Macmillan. E-book, HTML-format, http://oll.libertyfund.org/title/1411.

Robbins, Lionel (1952), *The Theory of Economic Policy in English Classical Political Economy.* Macmillan, London.

Ross, Ian Simpson (1995), *The Life of Adam Smith.* Oxford University Press.

Sandelin, Bo, Richard Wundrak kaj Hans-Michael Trautwein (2013), *La historio de ekonomika pensado*. Mondial, Nov-Jorko.

Sandmo, Agnar (2011), *Economics Evolving: a History of Economic Thought*. Princeton University Press.

Smith, Adam ([1759] 1976), *The Theory of Moral Sentiments*, redaktita de D.D. Raphael kaj A.L. Macfie. Oxford University Press.

Smith, Adam ([1776] 1976), *An Inquiry into the Nature and Causes of the Wealth of Nations*, redaktita de R.H. Campbell, A.S. Skinner kaj W.B. Todd. Oxford University Press.

Smith, Adam (1978), *Lectures on Jurisprudence*, redaktita de R. L. Meek, D.D. Raphael kaj P.G. Stein. Oxford University Press.

Smith, Adam (1980), *Essays on Philosophical Subjects*, redaktita de W.P.D. Wightman kaj J.C. Bryce, kun Dugald Stewart's Account of Adam Smith, redaktita de I.S. Ross. Oxford University Press. La sekvantaj eseoj estas menciitaj:
"The History of Astronomy"
"The History of the Ancient Physics"
"The History of the Ancient Logics and Metaphysics"
"Of the External Senses"
"Of the Nature of that Imitation which takes place in what are called The Imitative Arts"
"Of the Affinity between Music, Dancing, and Poetry"
"Of the Affinity between certain English and Italian Verses"
"Review of Johnson's *Dictionary*"
"Dugald Stewart: Account of the Life and Writings of Adam Smith".

Smith, Adam (1983), *Lectures on Rhetoric and Belles Lettres,* redaktita de J.C. Bryce. Oxford University Press. Enhavas ankaŭ "Considerations Concerning the First Formation of Languages and the Different Genius of original and compounded Languages".

Smith, Adam (1987), *Correspondence of Adam Smith,* redaktita de Ernest Campbell Mossner kaj Ian Simpson Ross. Oxford University Press.

Willis, Kirk (1979), "The Role in Parliament of the economic ideas of Adam Smith, 1776–1800", *History of Political Economy,* vol. 11, n-ro 4, p. 505–544.

www.ingramcontent.com/pod-product-compliance
Lightning Source LLC
LaVergne TN
LVHW091206080426
835509LV00006B/862